edition suhrkamp 2629

W0062492

Ein Schritt weiter, die Anthologie mit Texten aus dem New Yorker Magazin *n+1*, stieß 2008 auf überwältigende Resonanz: *Die Zeit* nannte den Band einen »Rosinenbomber voll origineller Gedanken«, die *Neue Zürcher Zeitung* bezeichnete ihn als »anregend, geistreich und erfrischend frech«. Mark Greif, einer der Herausgeber von *n+1*, gilt als einer der talentiertesten amerikanischen Essayisten seiner Generation, er verbindet narratives Geschick mit zeitdiagnostischer Klarheit. Der Band versammelt seine Texte über die totale Ästhetisierung unserer Lebenswelt.

Mark Greif, geboren 1975, studierte Geschichts- und Literaturwissenschaft in Harvard, Oxford und Yale. Er ist einer der Gründungsherausgeber der Kulturzeitschrift *n+1* und publiziert regelmäßig in bedeutenden englischsprachigen Zeitschriften. Im Suhrkamp Verlag veröffentlichten er und seine Mitherausgeber die *n+1*-Anthologie *Ein Schritt weiter* (es 2539).

Mark Greif

BLUESCREEN

Ein Argument vor
sechs Hintergründen

Herausgegeben und
aus dem Englischen übersetzt
von Kevin Vennemann

Suhrkamp

edition suhrkamp 2629
Erste Auflage 2011
© dieser Ausgabe Suhrkamp Verlag Berlin 2011
Originalausgabe
Alle Rechte vorbehalten, insbesondere das des
öffentlichen Vortrags sowie der Übertragung durch
Rundfunk und Fernsehen, auch einzelner Teile.
Kein Teil des Werkes darf in irgendeiner Form
(durch Fotografie, Mikrofilm oder andere Verfahren)
ohne schriftliche Genehmigung des Verlages reproduziert
oder unter Verwendung elektronischer Systeme verarbeitet,
vervielfältigt oder verbreitet werden.
Satz: TypoForum GmbH, Seelbach
Druck: Druckhaus Nomos, Sinzheim
Umschlag gestaltet nach einem Konzept
von Willy Fleckhaus: Rolf Staudt
Printed in Germany
ISBN 978-3-518-12629-5

1 2 3 4 5 6 – 16 15 14 13 12 11

Inhalt

Für Gabrielle

»… wenn mir zumut ist,
zu warten vor der Puppenbühne, nein,
so völlig hinzuschaun, daß, um mein Schauen
am Ende aufzuwiegen, dort als Spieler
ein Engel hinmuß, der die Bälge hochreißt.
Engel und Puppe: dann ist endlich Schauspiel.
Dann kommt zusammen, was wir immerfort
entzwein, indem wir da sind.«

Rainer Maria Rilke,
»Vierte Duineser Elegie«

Vorwort: Unsere Zeit

In einem Lied heißt es: »We are living in the future, I'll tell you how I know / I read it in the paper, fifteen years ago.« Ich summe diese Melodie vor mich hin, wann immer uns im Fernsehen jemand dazu gratuliert, in der fortschrittlichsten und glorreichsten Epoche aller Zeiten zu leben. So verliert der Diskurs ein bisschen von seiner Ernsthaftigkeit, und ich empfinde geradezu Mitleid für den Lobredner und meine optimistischeren Zeitgenossen. Unser Zeitalter ist fabelhaft, kein Zweifel. Doch die Erwartungsvollen versichern uns schon allzu lange, es werde das wichtigste sein, das einzigartigste von allen – und außerdem das letzte. Die Abrisskalender werden immer dünner, und die Hersteller planen keine neuen Auflagen.

Mir gefällt es durchaus, modern zu sein. Es ist so leicht, die nötigen Teile zu finden für alles, was man bauen möchte. Betrachtet man jedoch die Blaupausen, die die Aufklärer vor 1810 für uns gefertigt haben, so denke ich nicht, dass sich bei irgendjemandem das Gefühl einstellt, unter wahrhaft meisterhaften Handwerkern zu leben oder dass wir das, was wir heute, erfüllt von einem Gefühl der Verlegenheit, leisten, nicht doch wieder aus der Hand geben werden. Woher kommen das unterwürfige Unbehagen, das Erschrecken und das Misstrauen, die sich heute, im Jahr 2011, einstellen, wenn wir uns daran erinnern, dass wir die Erben Kants, Jeffersons und Joseph Listers sind und dennoch *das* tun, was wir gerade treiben? Die Welt ist

9

nicht in der Utopie angekommen, sie sieht noch nicht einmal deren Leuchten am Horizont.

Die exzentrischen Umdrehungen des Globus prägen dem Gewebe der Ewigkeit einen Zwischenbericht zum zivilisatorischen Fortschritt auf. Nur wer sehr schlechte Augen hat, könnte annehmen, dieser Report sei das letzte Wort. Wir wollten Paläste des Geistes errichten oder zumindest eine Stadt auf einem Hügel. Stattdessen haben wir die westliche Welt in ein gigantisches Wartezimmer verwandelt, in dem es bunte Magazine gibt und einen Fernseher, der unablässig dröhnt. Wenn der Doktor uns zur Untersuchung hereinruft, drückt er uns ein paar Tabletten in die Hand und schickt uns gleich wieder hinaus, um noch ein bisschen länger zu warten. Wir werden die schlechte Nachricht später erfahren. Wann? Bald, sehr bald.

*

Die Milleriten, eine adventistische Bewegung in den USA, dachten, die Welt würde im Jahr 1844 untergehen. Das tat sie nicht. Sie weinten. Sie hielten an ihrem Glauben fest. Auch wenn die Adventisten inzwischen etwas vorsichtiger sind, was die exakte Datierung ihrer Jüngsten Tage angeht, heißt das nicht, dass sie glauben, der Weltuntergang würde sich ewig hinauszögern.

Der Sozialpsychologe Leon Festinger und seine Mitarbeiter haben die Konsequenzen dokumentiert, die es haben kann, wenn die Welt nicht planmäßig untergeht. Die Chicagoer UFO-Sekte, die sie untersuchten, ging fest davon aus, am 21. Dezember 1954 würde eine große Flut die Erde verwüsten, doch diese drehte sich auch am 22. Dezember weiter. In der Folge wandte sich die zuvor rein private Sekte an die Öffentlichkeit. Als ihr die Blamage drohte, wurde sie schamlos. Dasselbe passiert mit den zeitgenössischen Sektenanhängern, jenen falschen Erben der Versprechen vom immerwährenden Frieden und vom Streben nach Glückseligkeit, die uns die Aufklärung hinterlassen hat. Allzu beflissen verkünden sie, unsere Zeit sei die vollendete Epoche, und alles sei bereits so, wie es sein solle und auch in Zukunft sein werde. Die Uhr tickt über die Stunde der Parusie hinaus, und die umstehenden Beobachter beteuern: Da haben wir uns wohl um einen Tag vertan! Vor dem nächsten Termin müssen wir noch mehr Leuten Bescheid geben! Aber das Ende *kommt*!

Wir geben unsere Ängste und Hoffnungen auf dieselbe Weise weiter, wie wir andere bitten, verdorbene Milch zu probieren. Wir teilen unsere Enttäuschungen genauso gerne mit anderen wie die Schönheit eines Sonnenuntergangs.

*

Vielleicht lässt es sich ja gar nicht vermeiden, dass Menschen, die überzeugt sind, alles habe einen Anfang, auch daran glauben, alles werde eines Tages untergehen. Ein menschliches Wesen kommt durch einen Tunnel auf die Welt und verschwindet in einem Grab. Wir haben jedoch nicht mit eigenen Augen gesehen, wie die Gesellschaft im hellen Tageslicht ihren Anfang nahm. Vielleicht liegen wir daher falsch, wenn wir annehmen, sie müsse irgendwann enden. Ein Philosoph klagte einst, es gelänge zwar allen, ein Leben enden zu lassen, nur wenige hätten jedoch die Kraft, diesem Ende eine Bedeutung zu geben und aus ihrer Biografie eine runde, in sich abgeschlossene Erzählung zu machen. Wenn es um das Leben einer Gesellschaft geht, stehen wir vor der genau entgegengesetzten Schwierigkeit: Ihre Verehrer versuchen immer, vorzeitig ein Fazit zu ziehen, weil es besonderen Ruhm verspricht, der letzten Generation anzugehören. Es ist schließlich ein besonderer Nervenkitzel damit verbunden, im Schatten der letzten Dinge zu wandeln. Wenn jedoch später ganz andere Menschen dort wandeln, dann wird es ihnen schwerlich in den Sinn kommen, unsere Bedingungen zu akzeptieren. Sie werden ihr eigenes Manifest schreiben, und die Kultur wird lässig und ohne Haltung vor den Zeichen des Neuen stehen.

Das angeblich nahe Ende erweist sich als etwas ganz anderes, als eigentlich gedacht. Es schließt viele kleine, zyklische Veränderungen ein, die lange Zeit – vielleicht sogar endlos – periodisch wiederkehren, bis wir bei der letzten Generation angekommen sind, wenn ein solches Monster denn überhaupt geboren werden kann. In den neunziger Jahren kam eine Postrock-Platte mit dem Titel *Millions Now Living Will Never Die* heraus. (Ein Satz, der auf einen Slogan der Adventisten des frühen 20. Jahrhunderts zurückgeht. Entstand der Gedanke spontan ein zweites Mal? Oder überlebte er wie ein Keim in der Luft, um nun erneut auszuschlagen?)

Der letzten Generation wird unser Doktor sagen: »Ab jetzt kann euch nichts mehr etwas anhaben, wir haben die Krankheit besiegt. Lebt in alle Ewigkeit!« Und sie werden antworten: »Aber was sollen wir *jetzt* tun?«

*

Eigentlich weiß man ja kaum, was es überhaupt *bedeutet*, geboren zu werden oder zu sterben, schließlich tun wir beides äußerst selten. Unsere Leben werden nicht in erster Linie von ihren Enden geformt, sondern von den unendlichen Arten und Weisen, jene miteinander zu verknüpfen. Davon also, wie wir die Mitten unserer Lebensläufe zu Knoten oder Schleifen binden, obwohl wir uns nicht an ihren Ursprung erinnern und obwohl wir ihr Ende, über das wir nur Mutmaßungen anstellen können, niemals wirklich erfahren werden. In diesem Sinne müssen sogar politische Denker oder Denker, die sich mit ewigen Dingen befassen, die zentrale Rolle der Medien eingestehen.

In unserer Zeit können wir mithilfe der Bluescreen-Technologie hinter jedes Porträt eines Menschen einen vollkommen beliebigen Hintergrund setzen. Mit diesen Porträts verhält es sich wie mit jenen Hochzeitsfotos aus Hongkong – die auch in Dubai, Lagos und der Mall of America aufgenommen und verkauft werden –, bei denen mal das Taj Mahal hinter dem glücklichen Paar auftaucht, mal die Freiheitsstatue oder der Strand irgendeiner Insel. Wenn ich solche Fotos sehe, beuge ich mich unwillkürlich vor, als ob ich den Eheleuten auf diese Weise in die Augen sehen könnte. Für welche Art von Freude leben sie? Inwiefern wird ihre Hochzeit aufgrund der Orte, die sie ausgewählt haben, aber wohl niemals mit eigenen Augen sehen werden, zu etwas ganz anderem? Ganz weit im Hintergrund befindet sich dabei immer der Blaue Bildschirm des abgestürzten Computers. Nennen wir ihn Himmel.

*

Wenn ich mich frage, ob unsere Zivilisation an ihr Ende gelangen kann – und damit meine ich ihre Vollendung, nicht ihre Vernichtung –, dann finde ich es hilfreich zu berücksichtigen, dass der begrenztere kulturelle Bereich der Kunst schon zu meinen Lebzeiten tatsächlich an ein Ende gelangt *ist*, woran sich damals allerdings niemand groß zu stören schien. Jahrzehnte später sind wir immer noch da und tasten uns unsicher durch das Dunkel um uns herum.

Es gibt nur einen einzigen Weg, den Stil, die künstlerischen Erzeugnisse und die Denkweise der Achtziger zu verstehen: Man muss erkennen, dass die Künste und mit ihnen womöglich die Welt an ein Ende gelangt waren. Der Minimalismus in der Musik, der die modularen Blöcke seiner betäubenden Kompositionen immer wieder wiederholte; der Brutalismus oder das postmoderne Ornament in der Architektur, die Plattenbauten und Geburtstagskuchen hervorbrachte, in denen niemand lange leben wollte, in denen allerdings auch niemand lange leben zu müssen glaubte; der Minimalismus und der Fotorealismus in der Malerei, mit denen die Künstler bewiesen, dass auch ihre harte Arbeit ununterscheidbar werden konnte von den Automatismen einfacher mechanischer Prozesse: Sie alle machten deutlich, dass eine vollkommen logische Entwicklung, die im 19. Jahrhundert begonnen hatte, vorangetrieben von Kadern einer Avantgarde, die sich untereinander mit verbundenen Augen bekämpften, an ihr logisches Ende gekommen war. Mit den Fortschritten, die die Ästhetik seit der Geburt der »modernen Kunst« parallel zu den Purzelbäumen der Sozialgeschichte gemacht hatte, erfüllte sich ihr Narrativ. Weiter konnte man nicht gehen.

Und genau das war – was zum Beispiel den Bereich der Bekleidung angeht – das eigentliche Geheimnis hinter der befremdlichen Beliebtheit von Leggings, über denen man

T-Shirts in Übergrößen trug, von Neonfarben, von eckig geschnittener Kleidung, die wie für Papierpuppen gemacht und mit einem Lineal entworfen worden zu sein schien. Jenseits dieses Punktes waren keine Experimente mehr möglich, noch weiter konnte man schlechterdings nicht reduzieren. Das Einzige, was jetzt noch blieb, waren jene universellen, von beiden Geschlechtern zu tragenden Gymnastikanzüge, die schon immer unsere Vorstellungen von der Kleidung »der Zukunft« geprägt haben, von der Zeit also nach der Ausmerzung der Gegenwart. Die achtziger Jahre wussten, dass sie das Ende waren. Es hat den Eindruck, als hätten sich damals viele Gruppierungen auf dieses Ereignis vorbereitet und die große Abschlussfeier für das Jahr 1984 geplant. 1984 als stillschweigend festgelegtes Verfallsdatum, an das sich Linke wie Rechte hielten: Man erkennt daran, dass Orwells Prophezeiung sich in einen süßen Traum verwandelt hat, der ein halbes Jahrhundert währte. Auch heute noch existiert in den USA keine oppositionelle oder andersdenkende Gruppierung, die nicht davon überzeugt wäre, dass sie von vor Computerbildschirmen sitzenden Handlangern der Regierung überwacht und verfolgt, dass sie schon bald zusammengetrieben und in Todeslager gesperrt werden und damit das Schicksal teilen wird, das die europäischen Juden ereilte. Selbst christliche Messianisten, Anhänger der These von der Überlegenheit der »Arier« und Antisemiten hegen diesen Verdacht, ja vielleicht ist er unter diesen Gruppen sogar am weitesten verbreitet. Der Big Brother ist jedoch niemals in der Form erschienen, in der wir ihn erwartet hatten. (Obwohl man manchmal glauben könnte, dass wir von seinem albern grinsenden, Mitgefühl heuchelnden Geschwister *befriended* wurden, dem Norman Mailer in den sechziger Jahren den Namen Big Buddy gab.)

Mir ist diese Phase wichtig, weil ich genau in dieser Zeit die Bühne betrat. Im Jahr 1984 hatte ich die fixe Idee, dass ich den alles vernichtenden Atomkrieg überleben würde. (Man nahm damals an, dass dies die wahrscheinlichste Ursache für den Weltuntergang sein würde; die Kunst, der man das vormals ebenfalls zugetraut hatte, fiel an dieser Stelle aus.) Meine apokalyptischen Ambitionen waren damals, wenngleich teilweise romantisch, in erster Linie konsumorientiert. Ich hatte vor, mein Leben von nun an mit der hübschen kleinen Sechstklässlerin aus unserer Straße zu verbringen, während um uns herum alle Werte und Hierarchien in sich zusammenfielen. Gemeinsam würden wir in finsteren, verlassenen Läden nach Waffen und Süßigkeiten graben. Als Entschuldigung für meine damalige Naivität kann ich immerhin anführen, dass ich 1,20 Meter groß war und meine Mutter mir noch immer Gutenachtküsse gab. Doch wie lautete die Ausrede meiner erwachsenen Zeitgenossen, die ganz ähnliche Visionen hatten? Als die Welt 1984 dann doch nicht unterging bzw. als sie erst 1989 unterging, glaubten die inzwischen erwachseneren amerikanischen Kinder, die den einsetzenden Goldrausch managen sollten, dass sie nach dem Ende des Sozialismus auch noch den Rest an sich reißen und alle menschlichen Impulse ins Shopping und in den Markt umleiten könnten. Genau dieses Ende wurde dann in den neunziger Jahren und im ersten Jahrzehnt des neuen Jahrtausends überall auf der Welt realisiert – so dass man sich heute nur noch darüber wundern kann, dass die Menschen nicht müde werden, immer dieselbe Platte zu hören, während die Grooves sich abnutzen.

Wäre ich bereits erwachsen gewesen, ich glaube, ich wäre verrückt geworden in jenen Jahren, in denen die Widersprüche noch frisch und auf eine gewisse Art vollkommen waren, als Männer mit Atomwaffen die Konfrontation immer weiter anheizten und dabei zugleich mit ihren neoliberalen Spaten die soziale und demokratische Zivilisation zu untergraben begannen. Doch dann geschah ein historisches Wunder, und das Ende blieb aus. Die Atomraketen blieben in ihren Silos. Das Marktsystem bricht regelmäßig zusammen; in diesen Momenten werden dann eher sozialliberale Politiker gewählt, die mithilfe des Staates das System reparieren sollen, damit es erneut kollabieren kann. Arbeitsplätze werden geschaffen, und Arbeitsplätze gehen verloren. Vielleicht verfügen die Menschen, einige Philosophen gehen ja davon aus, doch über so etwas wie eine grundlegende Vernunft. Sind sie in geschlossenen Räumen unter sich, ist ihnen durchaus klar, dass man die Erde nicht in Brand stecken sollte. Es sind die Medien, die sie ganz durcheinander bringen.

*

Dass sich das Alltägliche im Angesicht des Apokalyptischen behaupten möge – das ist meine Hoffnung in dieser Zeit. Unsere Epoche steht an einem Anfang nach einem Ende. Das ganze Geblubber ist meines Erachtens ein Indiz dafür, dass die Kultur sich wieder bemerkbar macht. Oft handelt es sich dabei um die ganz rudimentäre Kultur der Sprache und des Slangs, der Witze und der Lieder, eine Kultur, wie Menschen sie eben gemeinsam machen, weitergeben und erben, ohne zu wissen, woher sie eigentlich kommt und ob sie irgendeinen Wert hat. Der Status unserer Werke – als *Kultur* – ist wichtiger geworden angesichts ihres angekündigten Endes, das von seinen Apologeten mit ein wenig Natur verputzt wird. Einer der Widersprüche dieser späten Kultur besteht darin, dass diejenigen, die die absonderlichsten technologischen Fortschritte im Namen des Offiziellen oder der Autorität verteidigen, indem sie den Bruch mit den Methoden der Vergangenheit gutheißen, dies zumeist im Namen einer Natur rechtfertigen, die angeblich allem zugrunde liegt. Es gehe eben immer um die möglichst effiziente Befriedigung der natürlichen Bedürfnisse des Menschen, das sei nun einmal der Lauf der Dinge. Die Schlacht um die Erschaffung der Natur ist die große Geschichte der Gegenwart. Foucault sagte, dieser Kampf reiche zurück bis zu den Ursprüngen der liberalen Ökonomie. Bourdieu, der darin die Grundlage für die Fortdauer aller Formen der Herrschaft erkannte, sprach davon, die Geschichte werde in Natur verwandelt und damit zugleich dementiert. Kenneth Burke, ein Veteran des demokratischen Utopismus der dreißiger Jahre, beklagte eine vergleichbare Tendenz in der Generation der 1968er. Er sagte, dies sei das Ethos gewesen des »weniger Politik, mehr Apokalypse«.

In den Kapiteln dieses Buches geht es mir nicht so sehr um einzelne Formen, die für unsere Zeit typisch sind, als vielmehr um die totale Ästhetisierung unserer Leben. Man könnte auch sagen: um ihre Dramatisierung, Narrativisierung. Leben lässt sich heute fassen als Produktion von Erfahrungen, es folgt den Strukturen des Dramas. Diese Dramen erschaffen in der Gegenwart in erster Linie Helden jenes Typs, den man früher auf Theaterbühnen vorfand, in jüngerer Zeit auf Kinoleinwänden und Fernsehbildschirmen. Sie thematisieren also nicht jene inneren Bewusstseinsformen, die man etwa mit dem Roman in Verbindung bringt oder mit den Figuren, die in einem Gesellschaftsroman die Politik einer Stadt repräsentieren. Unsere Leben erinnern eher an die Personen antiker Stücke, die man noch ohne Weiteres einfach nach einem ihrer Charaktere benennen konnte – Ödipus oder Iphigenie. Oder besser noch: an ganze Reigen dieser Stücke, in denen eine Heldin, die in der einen Tragödie aufgrund einer bestimmten Wendung des Mythos ihren Tod gefunden hat, in der nächsten quicklebendig wieder auftaucht, um weitere Eigenschaften ihres Charakters zu offenbaren. Wenn man allein die großen, klassischen Wendepunkte von Lebenserzählungen betrachtet (Kriege, Hochzeiten, schwerwiegende, unumkehrbare Entscheidungen), so sind unsere Leben heute ärmer an »Ereignissen« als jemals zuvor. Allerdings werden sie von ihrem Anfang bis an ihr Ende von einem Gefühl der Ereignishaftigkeit durchzogen, und das gilt sowohl für unsere unmittelbaren Erfahrungen als auch für die durch die Narrative der Medien vermittelten.

Deshalb muss all das, was folgt, »Schreiben über Medien« sein – und zwar in dem Bewusstsein, dass zwei dieser Medien eventuell nicht die erwarteten sind: Sex und Geld. Doch auch sie stellen Modi der Repräsentation und Versuche dar, in unserer Fantasie auszuprobieren, wie unser Leben sein könnte. Fantasien, die den Korridor der Optionen, die wir uns zu leben trauen, oft allzu sehr einschränken.

Wir könnten auch ganz anders leben. Historiker werden sagen: Selbstverständlich, Ihr habt schließlich schon ganz anders gelebt. Und Menschen, die Einblick in unsere Seelen haben, würden wohl ergänzen: Insgeheim leben wir auch heute oft ganz anders, als es nach außen den Anschein hat.

Was jedoch die Seelen angeht – diesem Thema werde ich mich später einmal widmen. Im Moment besteht die dringendste Aufgabe darin, jene Phänomene aus ungewohnten Perspektiven zu analysieren, die uns allen besonders vertraut vorkommen – der Sicherheit halber.

MG, New York, April 2011

DIE BLAUE LAGUNE

Was einem Menschen einfällt, wenn er an zwei arme kleine Kinder denkt, die ohne Eltern auf einer einsamen Insel gestrandet sind, verrät viel über sein Weltbild.

Nur eine nährende und schützende Insel könnte die Kinder am Leben erhalten. Mit Lagunen voller leckerer kleiner Fische, so langsam, dass Kinderhände sie fangen können, während ringsum die reifen Kokosnüsse von den Bäumen fallen. Keine Stürme, nur milde Brisen. Die ineinander verflochtenen Wedel der Palmettopalmen schützen den Jungen und das Mädchen vor dem sporadisch niedergehenden Regen. Ganz selten ein Gewitter, das einen Blitz herabschleudert, welcher das kleine Feuer entfacht, über dem sie ihr Abendessen zubereiten.

Meine Frage lautet: Ob die beiden an diesem verlassenen Ort, der alles bietet, was sie zum Überleben brauchen (so dass keine tödliche Gefahr das hypothetische Szenario stört), wohl Geschlechtsverkehr haben würden, sobald sie die Pubertät erreichen? Woher sollten sie wissen, wie man das macht? Von wem sollten sie es lernen?

Alle, denen ich diese Frage jemals gestellt habe, antworteten: »Aber natürlich! Weißt du, irgendwann würden sie sich eben umarmen. Vermutlich schlafen sie eng aneinander geschmiegt, seit sie sich erinnern können. Nachts ist es auf so einer Insel womöglich ziemlich kalt. Und in der Pubertät übernimmt dann eben der Körper das Kommando.« – »Du meinst, er bekommt eine Erektion?« – »Keine Ahnung, er wäre irgendwie erregt, sie wäre irgendwie erregt, sie bewegen sich, es fühlt sich gut an, das eine landet im anderen, unvermeidlich. Wie Nut und Feder.«

Wir alle erinnern uns an *Die Blaue Lagune*.

Über die Jahre ist es meinen Diskussionspartnern nicht wirklich gelungen, mir die starke Intuition auszureden, dass es alles andere als selbstverständlich ist, dass sie irgendwann Geschlechtsverkehr haben. Ich bin allerdings ein Dickkopf. Doch selbst wenn der hübsche Knabe und das schöne Mädchen in neun von zehn Fällen im Trial-and-Error-Verfahren den Koitus entdecken würden, kann eben auch der andere Fall eintreten, in dem sie dies nicht tun, so dass die Spezies Mensch auf dieser Insel ausstirbt. Allein das Szenario, in dem die beiden eng aneinander gekuschelt schlafen, lässt die Neunzig-Prozent-Wahrscheinlichkeit plausibel klingen. Aber nehmen wir einmal an, es ist so feucht und heiß auf dieser Insel am Äquator, dass man nachts überhaupt nicht von schwitzenden Gliedern umarmt werden möchte?

Ist der vollendete Geschlechtsakt als Quelle von Orgasmen – wir reden hier nicht von bloßen Berührungen, von Streicheln und Reiben – nicht eigentlich ein Produkt der Kultur? Ähnlich also wie Werkzeuge und die Sprache? Die Natur hat uns nur das pure animalische Begehren mit auf den Weg gegeben. Der Koitus, wie wir ihn vollziehen, ist mit Kultur durchzogen wie mit feinen Äderchen. Er wurde irgendwann entdeckt und dann weitergegeben, nicht anders als die Sprache. Je nach Kultur ist er variabel. Man kann ihn lernen, es gibt Raum für Veränderung. Ein Ergebnis der Natur in der Gesellschaft, keine unveränderliche Konstante, die immer schon da war. Er wird von unseren Sehnsüchten in Gang gesetzt, aber die

Richtung, die das Ganze nimmt, ist allein von unseren Gewohnheiten bestimmt und daher offen für Innovation.

Ein Wort zu unseren nächsten Verwandten im Tierreich, es ist einem alten wissenschaftlichen Artikel entnommen:

»Es wurde beobachtet, dass geschlechtsreife, aber unerfahrene Männchen, die man mit empfängnisbereiten Weibchen zusammengebracht hatte, zwar deutliche Zeichen der sexuellen Erregung aufwiesen, dass die daraus resultierenden Versuche, den Geschlechtsakt zu vollziehen, allerdings selten von Erfolg gekrönt waren. Das naive Männchen scheint nicht fähig zu sein, seinen Beitrag zum Paarungsakt zu leisten. Man vermutet daher, dass der biologisch erfolgreiche Koitus bei dieser Spezies Lernen und viel Übung voraussetzt. Männliche Nagetiere hingegen, die man in Isolation aufgezogen hatte, sind in der Lage, schon bei der ersten Gelegenheit, bei der ein brünstiges Weibchen anwesend ist, normal zu kopulieren.«[1]

Moderne verhaltensbiologische Studien, die ohne die verfälschenden Effekte der Gefangenschaft – ein einsamer Schimpanse ist schließlich ein toter Schimpanse – in freier Wildbahn durchgeführt wurden, konnten diesen Befund weder bestätigen noch widerlegen. Die Zukunft unserer Gesellschaft liegt irgendwo zwischen der Ratte und diesen Schimpansen.

1 F. A. Beach, »Evolutionary changes in the physiological control of mating behavior in mammals«, in: *Psychological Review* 54/1947, zitiert in: Clifford Geertz, *The Interpretation of Cultures*, New York: Basic Books 1973, S. 76, FN 55.

Im Hochsommer der Sexkinder

Vor Kurzem führte ich eines jener Gespräche, die man nicht führen sollte. Es ging um die Frage, ob Vladimir Nabokov, der Autor von *Lolita*, tatsächlich minderjährige Mädchen begehrte oder nicht. Die üblichen Argumente wurden vorgebracht: Nabokov sei ein Meister des Rollenspiels gewesen und Humbert Humbert nichts als eine Spielerei für ihn. Man käme doch auch niemals wegen Kinbote – der Erzählerfigur in *Fahles Feuer* – auf den Gedanken, Nabokov könne Jungen geliebt haben. In seinen späten Romanen habe Nabokov mittels allegorischer Verfahren jene ästhetizistischen Verführungen beschrieben, die das Verbotene zum Schönen verklären; es handle sich um moralische Sittengemälde, die zeigen sollen, dass wir das Verbrechen akzeptieren, wenn es nur verführerisch genug dargestellt wird. Das falsche Objekt zu lieben, würde auf diese Weise zu einer Metapher für Kunst, für Ethik, für Persönlichkeit und so fort.

Widerwillig warf ich ein, mir erschienen solche Erklärungen als unzureichend, ja geradezu bösartig. *Lolita* bereitet uns nur deshalb solche Schwierigkeiten, weil das Buch tatsächlich zu beschreiben in der Lage ist, wie eine Zwölfjährige als Sexobjekt aussieht. Wie ihr Kleid über ihre Knie streift. Wie ihre Zehen mit lackierten Nägeln aussehen. Wie die Farbe auf dem vollen Bogen ihrer Lippen liegt. Man sagt von solcherlei Darstellungen, sie seien »zu echt«, und das allein ist das Skandalöse. Das gilt auch noch fünfzig Jahre nach der Erstveröffentlichung des

Romans, und darin wird auch in Zukunft das eigentlich Anstößige bestehen, wann immer ein Erwachsener sich eingesteht, dass es dem Buch gelingt, seine Vorstellungskraft derart auf den Kopf zu stellen, dass er ein Kind, ein menschliches Wesen also, das sich noch im beschützten Larvenstadium des Organismus befindet, als sexualisiertes Objekt wahrnimmt. Das Mädchen ist nach wie vor ein Kind. Es ist jetzt allerdings ein Sexkind. Doch genau deshalb glaube ich nicht, dass Nabokov ein Pädophiler war, sondern vielmehr etwas, was man mit ihm eigentlich nicht in Verbindung bringt: ein Gesellschaftskritiker.

Eigentlich sollten auch Sie das so sehen, und vielleicht tun Sie es ja ohnehin schon. Die letzten fünfzig Jahre haben uns immer dort eine sexualisierte Jugendlichkeit entdecken lassen, wo sie nicht existierte, und sie haben sie uns dort ignorieren lassen, wo es sie gab. Wir Erwachsenen projizieren die Sexualität von Kindern auf unsere eigene Lust oder betrachten Kinder unter Vergrößerungsgläsern, um ganz sicherzugehen, dass sie auch ja keinerlei Reize auf uns ausüben. Doch mit der Zeit sind diese Linsen zu Brenngläsern geworden. Betty Grables Hüften schmolzen dahin. Marilyn Monroes Brüste zerliefen und wurden durch Silikon ersetzt. Als die T-Shirts bauchfrei wurden und die Hosen so weit nach unten rutschten, dass man die Slips sehen konnte, schuf die Modegeografie neue erogene Zonen für Schlankheitsfanatiker, die sich ihre sekundären Geschlechtsmerkmale abhungern wollen, und für Teenager an der Schnittstelle zwischen sportlichen Frauen und pubertierenden Kindern. Das abgemagerte Model und die Elfe wurden idealisiert. Vor dem Schlafzimmerspiegel sehen Mama und Tochter wieder genau gleich aus. Diesmal jedoch haben sie sich nicht mit

Mamas Perlen und Stöckelschuhen herausgeputzt, sondern mit Kinderkleidung. Man träumt davon, wieder sechzehn zu sein.

Der Literaturwissenschaftler Philip Fisher hat immer wieder darauf hingewiesen, der Roman sei zwar dicht gestrickt, in *Lolita* wiederhole sich jedoch eine Szene. Humbert beobachtet heimlich ein hell erleuchtetes Fenster in der Ferne. Weil er sich so sehr danach sehnt, eine kleine Nymphe zu betrachten, sieht er auch eine. Die Welle der Erregung kehrt zurück, er watet bis zu den Knien darin. Als er sich dem Höhepunkt nähert, wird die Silhouette schärfer, sie erweist sich als der Umriss einer erwachsenen Frau oder gar eines Mannes. Ekelhaft! Dabei handelt es sich hierbei um nichts als um die Inversion einer Erfahrung, die charakteristisch ist für unsere Zeit. Ein Mann sieht in einiger Entfernung eine Figur mit tief ausgeschnittenem Oberteil und auf den Hüften sitzenden Jeans und glaubt, sich auf erotischen Pfaden zu befinden; tritt er jedoch näher heran, entdeckt er ein Kind. Widerlich! Versucht man, sich dagegen zu wappnen, wird alles nur noch schlimmer. Je genauer ein ganzes Land die sexuellen Eigenschaften von Kindern unter die Lupe nimmt, um sicherzustellen, dass niemand sich von solcher Kindlichkeit verlocken lässt, und je häufiger und je listiger man sich auf die Lauer legt, um ganz sicher zu sein, dass selbst die am wenigsten Vertrauenswürdigen unter uns der Verführung nicht verfallen werden, umso mehr riskiert man, die sexuelle Faszination für Kinder überhaupt erst zu schaffen. Egal wie und warum man das Kind ansieht, ob man die Fantasie nun akzeptiert oder ob man nur sicherstellen will, dass es eigentlich nichts zu sehen gibt – in jedem Fall wird man zum Komplizen an einer Abscheulichkeit.

Wir erleben den Hochsommer der Sexkinder. Nabokov hat allenfalls ihren Frühling gesehen.

Kinder verbringen die Zeit zwischen Junior High und Highschool und dann bis zum College heutzutage in einer Nische der modernen Welt, die wie keine andere sexualisiert und sexuellen Aktivitäten förderlich ist. Glauben jedenfalls die Erwachsenen. Kinder drehen als Gefangene in riesigen Sexkolonien ihre Runden und halten sich dabei mit heruntergelassenen Hosen an den Händen. Henry Darger, der mit seinen Mädchenarmeen zu einem emblematischen Künstler unserer Zeit geworden ist, schuf für unser Vorstellungsvermögen das, was Gauguins tahitianische Schönheiten der französischen Bourgeoisie des 19. Jahrhunderts waren – Speicher einer echten, sinnlichen, wilden inneren Natur.

Und doch wollen wir in der Öffentlichkeit unbedingt daran glauben, dass Kinder auf Sexualität nicht genauso gut vorbereitet sind wie wir; dass sie Sex nicht verstehen und dass sie eine ganz besondere, zerbrechliche, gläserne Wahrheit in sich tragen, die gefährdet würde durch ihren voreiligen Gebrauch – als ob jene Perlen, die für uns von höchstem Wert sind (unsere Gier nach Sex, unsere Wahrheiten über die »Sexualität«), nicht auch für sie ein Schatz sein sollten.

Die Erschaffung des Sexkindes erfolgte nicht aus dem Nichts, sie steht vielmehr erst ganz am Ende der amerikanischen Nachkriegskulturgeschichte. Sie erforderte die Zusammenführung alter, lüsterner Fantasien aus viktorianischen und progressiven Zeiten mit der tatsächlichen sexuellen Befreiung des Kindes ab der Mitte des 20. Jahrhunderts. Es galt, auch Kindern Zugang zum Konsumgütermarkt zu verschaffen, und wie man allen alles mit Sex verkauft, setzte man im Hinblick auf die Kinder ebenfalls auf diesen Faktor. Man musste die bösen Absichten der Werber in der Madison Avenue und der Modejournalisten in der Seventh Avenue ebenso mobilisieren wie die finstere Prüderie der Evangelikalen in Orange County und jene Paraliteratur über Sex mit Kindern (*Treacherous Love*, *It happened to Nancy*, zum Beispiel, vorgeblich echte Tagebücher anonymer Teenager, in Wahrheit jedoch zumeist von Beatrice Sparks verfasst, die wiederum behauptete, lediglich Herausgeberin der vermeintlichen Tagebücher zu sein), die während antipädophiler Kreuzzüge entsteht – erotische Kunst, die in Schulbibliotheken landet. Und man benötigte das Internet.

Die viktorianische Kinderliebe ist als Hintergrund nur locker mit der heutzutage allgegenwärtigen Auseinandersetzung mit Pädophilie und dem sexualisierten Kind verknüpft. Bei Lewis Carroll und Alice, bei John Ruskin und Rose La Touche, bei der fantastischen jungen Braut mit ihrer hauchdünnen, Gaze-ähnlichen Unschuld wissen wir jeweils sofort, dass wir uns im Reich der Lüsternheit Erwachsener befinden. Es ist die *sexuelle Befreiung der Kinder*, welche die Gegenwart transformiert. Wir können nicht länger behaupten, das Sexleben von Kindern sei *nichts weiter* als eine Fantasie. Mit anderen, möglicherweise viel besseren Worten: Wir haben die Kinder immer wieder mit Nachdruck eingeladen, an unseren Fantasien teilzunehmen. Und wenn sie einmal erwachsen sind, werden sie dafür sorgen, dass eben dieser Wahnsinn weitergeht.

Muss ich erwähnen, dass die Mehrheit jener Sexkinder, die wir betrachten und begehren, vor dem Gesetz keine Kinder sind? Die Repräsentantinnen des Sexkindes sind in unserer Unterhaltungsgesellschaft häufig zwischen achtzehn und einundzwanzig Jahre alt – und damit, rechtlich gesehen, Erwachsene. Ihre Bedeutung wurzelt darin, dass ihr sexueller Wert rückwärts auf den Status des Kindes verweist und nicht voraus auf den der Erwachsenen. Britney zum Beispiel, die als Achtzehnjährige berühmt wurde, als sie im Video zu »Oops, I did it again« lasziv die Hüften kreisen ließ, oder Paris, die dem Vernehmen nach 19 war, als ihr Amateur-Porno *1 Night in Paris* entstand. Beide verdanken ihre Popularität dem Mickey Mouse Club, genau wie Christina, die sich im Alter von zwanzig Jahren mit aufgeknöpftem Minirock auf dem Cover des *Rolling Stone* zur Schlagzeile »Ratet mal, was Christina will« die Lippen leckte; und Lindsay, die Disney-Film-Veteranin, deren Brustumfang, extreme Abmagerungskuren und versehentliche Selbstentblößungen auf dem roten Teppich Sendungen wie *Entertainment Tonight* füllen. Es ist von entscheidender Bedeutung, dass es sich hier nicht um erwachsene »Stars« wie Nicole Kidman oder Julia Roberts handelt. Sie gelten nicht als »schön« und treten auch nur sehr selten in Spielfilmen für Erwachsene auf. Stattdessen bilden sie für zwei sehr verschiedene Teilpublika den Kern der Unterhaltungsnews: für Kinder zwischen neun und vierzehn, denen die Musik und Filme der Sexkinder als solche gefallen; und für Erwachsene, die in diesen Werken etwas anderes entdecken. Aber was eigentlich genau?[1]

---

1 Es hat den Eindruck, als wende sich diese Form des Entertainments nicht nur an Männer. Es lässt sich allerdings nicht eindeutig feststellen, ob es hier so etwas wie eine strikte Gendersymmetrie gibt, derzufolge auch Jungs Sexobjekte für Frauen sein können und nach deren Logik sich die Männermode ebenfalls in

Merkwürdigerweise sind diejenigen unter uns, die sich heute mit diesen Fragen auseinandersetzen, selbst einmal Sexkinder gewesen: Unsere Kindheit und Jugend fielen schließlich in die Zeit nach der epochalen Wende. Man sollte also annehmen, dass wir uns daran erinnern. Unsere Sexualität war längst befreit, als man sie uns überreichte, kaum dass wir in der Welt aufgetaucht waren. Wie all die anderen Zwölfjährigen fühlten auch wir uns wie Rebellen. Wir bildeten uns das nur ein, aber daraus kann man uns schwerlich einen Vorwurf machen. Doch was haben wir, diese riesige Gang sexualisierter Lümmel zwischen zehn und dreizehn Jahren, die den Fernseher im Keller

Richtung Jugendlichkeit zurückentwickeln müsste. Immer wieder stellt man Lehrerinnen als Kinderschänderinnen bloß, wenn sie von ihren Siebtklässlern schwanger werden. Das ist die eine Seite der Anziehungskraft. In der Popkultur verleiht Abercrombie & Fitch einer ganz bestimmten Ikonografie einen Namen, die muskelbepackte Freikörper-Highschool-Männlichkeit, enthaarte Teenager-Körper und Ringkämpfe als Symbole des Eros führt – als Symbole einer Erotik, die sich aus der Freude schwuler Männer an College-Jungs und -Teenagern speist und die dann für Heteros zweckentfremdet wird. Aber es scheint, als sei die Popkultur nach wie vor damit beschäftigt, die Lage zu sondieren, um das Begehren erwachsener Frauen auszuloten. Das ist der Grund für jene sprachlose Stille, die zum Beispiel Demi Moores deutlich jüngeren Ehemann Ashton Kutcher und Gabis Liebhaber (den jugendlichen Gärtner) in *Desperate Housewives* umgibt. Der Logik unserer Gesellschaft zufolge sollten sich die Fantasien der Angehörigen der beiden sozialen Geschlechter eigentlich immer mehr angleichen. Einstweilen richten erwachsene Frauen ihre erotische Aufmerksamkeit, zumindest in der Öffentlichkeit, allerdings noch in erster Linie auf jugendliche Mädchen. Das hat möglicherweise damit zu tun, dass die Selbstdarstellung – und zwar nicht nur während wir den oder die Richtigen suchen – so viel Raum lässt für Fantasie und Vergnügen.

nach verschlüsselten Pornos durchstöberten, auf Sofas einigermaßen durcheinandergerieten und dann, in Moschuswolken gehüllt, die Hemden verkehrt herum an, zurück nach oben kamen, um Luft zu schnappen – was haben wir eigentlich gelernt? Das Phantasma wird offenkundig kein bisschen kleiner, wenn man selbst ein Teil davon war. Noch immer betrachten wir all diese Kids voller Neid, und dieser Neid ist eines der Geheimnisse, die es noch zu lüften gilt. Es ist, als ginge mit dem Erreichen des Erwachsenenalters eine umfassende Selbstblendung einher. Obwohl wir es eigentlich besser wissen müssten, glauben auch wir nun, dass die Kinder es permanent miteinander treiben und eine erfüllte Sexualität genießen. Wenn wir uns den Sexkindern genauso begierig zuwenden wie alle anderen, dann vor allem deshalb, weil sie als Mitglieder der Gesellschaft und als Individuen *auch für uns eine Funktion erfüllen.* Und das fehlende Puzzlestück hat wohl weniger mit der Tatsache zu tun, dass es sich um Kinder handelt, als vielmehr mit den strukturellen Bedingungen, unter denen sich das Erwachsenenleben heute vollzieht.

*

Die Lockungen der ewigen Kindheit rühren in Amerika teilweise von dem überwältigenden Gefühl her, man selbst habe so etwas wie die wahre Jugend noch immer nicht wirklich erlangt, weil die wahre Jugend doch eigentlich durch vollkommene Freiheit gekennzeichnet sein sollte, die allerdings niemand erreicht. Vermutlich wissen sogar die Studenten, die in den Frühlingsferien brünstig in der Sonne braten und hemmungslos saufen, dass es hinter dem Horizont mehr gibt als die perfekten Frühlingsferien. Ohne den ausgeprägten Drang, endlich erwachsen zu werden, und ohne eigenständige Werte, die die Bedeutung der Kindheit zugunsten jener klarer umrissenen Freiheiten relativieren, die sich mit zunehmendem Alter und größerer Reife einstellen, kann es passieren, dass das Gefühl der Unzufriedenheit bis in alle Ewigkeit fortdauert – bis in die Zeit der Ehe, des Aufziehens der eigenen Kinder, der Rente, ja sogar bis zum Tod.

Ausgerechnet die College-Jahre, eine Phase, in der man doch eigentlich lernen und sich auf die Universität vorbereiten sollte, markieren den Höhepunkt einer jeden Sexkindheit. Die Zeit auf dem College mag zur Routine werden und keine wirkliche Herausforderung darstellen, dennoch lebt man auf dem Campus, und genau deshalb ist diese Phase ideal, um das Leben als Sexkind zu perfektionieren. Man zieht zu Hause aus und lebt plötzlich unter anderen Kindern, allesamt Fremde. Man muss sich vier Jahre gedulden, um seinen Abschluss zu bekommen, und so gibt es bis dahin nur wenig mehr zu tun, als sich in fremden Betten herumzutreiben. Natürlich wird man durch MTV oder gerüchtehalber längst erfahren haben, dass man nicht mehr bekommen wird als eben diese vier Jahre. Der Unterricht selbst ist lediglich eine kurze Unterbrechung dieser institutionalisierten Orgie der Frühlingsferien und der Wochenenden. Die Partys im Verbindungshaus erlangen eine schaurig-schöne Bedeutung, nicht nur für lüsterne Erwachsene, sondern auch für die College-Studenten selbst, die dann montags von ihrer Dekadenz berichten.

Als College-Student weiß man heutzutage ganz genau, wie es sein *könnte*. »Girls Gone Wild«-Videos zeigen eine Welt, in der in eben diesem Augenblick irgendein Mädchen irgendwo in Amerika ganz spontan ihr Oberteil für einen Kugelschreiber oder eine billige Baseballmütze oder sonst ein Werbegeschenk hochzieht. Man könnte meinen, es handele sich dabei um nichts als einen Scherz, wenn es nicht scheinbar allen so ernst wäre. Die Ernsthaftesten schreiben Sexkolumnen – »Sex in the (Elm) City« –, in denen sich noch die genussfeindlichsten Elitestudenten aus Yale geben, als hätten sie genauso wenig Hemmungen wie die Deklassierten auf der Florida State University. Die neuen großformatigen Campus-Sexmagazine (man denke an *Boink*, das 2005 an der Boston University herauskam, oder an *H Bomb*, das seit 2004 in Harvard erscheint) suchen in selbstgeknipsten Nacktfotos und in Berichten über Sex mit Fremden nach Wahrheit, als käme jede einzelne dieser Begebenheiten der Offenbarung der Zehn Gebote auf dem Berg Sinai gleich. Am Ende folgt stets die Erkenntnis, dass die Autorinnen und Autoren sich selbst viel besser kennenlernen können, wenn sie mit Fremden schlafen oder sich nackt fotografieren. Oft sind Frauen die treibenden Kräfte hinter solchen Publikationen. Vielleicht verspüren sie einen noch viel stärkeren Drang danach als junge Männer, sich selbst zu erkunden, solange sie es können – denn Amerika hat sie mit der Vorahnung einer riesigen Enttäuschung verflucht: Sobald das Fleisch schlaff wird, schwindet noch die letzte Freiheit dahin.

Erst wurde die College-Zeit erfasst, dann die Highschool und nach der Highschool die Junior Highschool: Eine Sexkindheit beginnt heutzutage immer früher. »Die sexuelle Revolution hält Einzug in die Junior High«, verkündet meine Tageszeitung und präsentiert etwas als Neuigkeit, was gar nicht so neu ist. Zweimal pro Jahr rühmen *Newsweek* und *Time* die »Neue Jungfräulichkeit«.

Niemand glaubt an diese »Neue Jungfräulichkeit«. Laut Umfragen wappnen sich diejenigen, die angeblich das Ideal der Jungfräulichkeit hochhalten, in ihrer Abstinenz mit ziemlich viel Fellatio. Achtzig Prozent der Menschen haben im Teenager-Alter Geschlechtsverkehr, verkündet das Center for Disease Control (warum das Center for Disease Control Aufzeichnungen über die sexuelle Normalität führt, die allen Ernstes als »epidemisch« pathologisiert wird, ist noch mal eine ganz andere Frage). Meine Tageszeitung verrät mir, dass die Menstruation heute bereits im Alter von elf oder gar neun Jahren einsetzt. Niemand weiß, warum.

Praktisch gesehen, ist die Realität der Sexkindheit in dieser frühen Phase allerdings von Restriktionen gekennzeichnet. Sie existiert allein im Rahmen jener riesigen Institutionen, von denen Kinderleben nun einmal dominiert werden, den Schulen. In diesen gefängnisähnlich in sich geschlossenen Welten, die jeweils von einer begrenzten Anzahl von Kindern bewohnt werden, die über keine sichtbaren Statusmerkmale verfügen außer dem Wohlstand, den sie von draußen mitbringen (in Form der Kleidung), und der Überlegenheit, die sie in den Aktivitäten an den Tag legen können, die der Schulalltag bietet (Freundschaften schließen, tratschen, akademischer und sportlicher Erfolg), hat Sex eine ganz andere Bedeutung als die Zügellosigkeit der Erwachsenen oder all der Ruhm, den es auf dem College zu erwerben gilt. Noch viel früher als Sex an sich wird Sexappeal eingefordert, und wenn der Sex dann da ist, tritt er in Form romantischer Beziehungen auf. Wie zu erwarten stand, sind solche neuen sexuellen Aktivitäten nichts als ein Ersatz für die der jeweils letzten Generation. Wo Petting war, soll Fellatio werden.

Es wird einfach niemals so sein, dass Kinder ihre Sexualität mit derselben freischwebenden Fantasie und Brutalität behandeln könnten wie Erwachsene die ihre, weil wir Erwachsenen – ganz anders als Kinder in der Schule – vollkommen atomisiert sind, was unseren Umgang mit anderen angeht. Wenn ich bei einem Blind Date etwas Scheußliches anstelle, werde ich die einzige Zeugin niemals wiedersehen müssen. Ein Kind tut etwas Scheußliches, und sein Date sitzt am nächsten Morgen neben ihm im Klassenzimmer. Die sexuellen Normen der Erwachsenenwelt strahlen auch auf jüngere Menschen aus, doch diese Normen können sich innerhalb geschlossener Institutionen nicht entfalten (obwohl Alarmisten sagen, dass sie gerade dort *entstehen*). Die Kinder merken sich diese Normen jedoch, um sie so bald wie möglich umzusetzen. Sie sind die Nutznießer einer Kultur, die über ihr Fernsehprogramm, ihre Witze, über all ihr Gerede und ihre Werbung jederzeit deutlich macht, dass Sex zwar nicht unbedingt das Allerwichtigste ist, dass es sich dabei jedoch um jenes Element handelt, das auf gar keinen Fall fehlen darf, wenn irgendetwas Spaß machen soll. Kinder sind Schaulustige, sie sitzen still da, mit weit geöffneten Augen. Und sie wachsen im blauen Licht des Fernsehers heran.

So viel zur angeblich freizügigen Wirklichkeit der Kindheit.

Irgendwann blicken die aus dem vermeintlichen Paradies vertriebenen Erwachsenen zurück, verklären die Vergangenheit und täuschen sich gewaltig, wenn sie denken, die Kinder seien vollkommen frei, schließlich haben wir sie mit der Aussicht auf eine bessere Zukunft gehemmt. Dass wir uns selbst in einem Ausmaß fleischlichen Genüssen hingegeben haben, das alte Männer vor Neid beben lässt, tut nichts zur Sache. Wie wir früher gelebt haben, spielt keine Rolle. Es war unvermeidlich, dass wir irgendwann in wirklichen zwischenmenschlichen Beziehungen mit konkreten Menschen würden hängen bleiben; in einer Matrix bleierner Regeln und persönlicher Bindungen. Dass wir diejenigen, die nach uns kommen, um ihr vermeintlich viel besseres Sexualleben beneiden, gehört in unserer Phase der Moderne anscheinend einfach dazu. Philip Larkin:

>Wenn ich so ein junges Pärchen sehe
Und denke, daß er sie wohl fickt,
sie ein Pessar trägt, die Pille nimmt,
weiß ich, das ist das Paradies,

von dem die Alten ein Leben lang geträumt –
[…]
Die Jungen sind auf der Rutschbahn

in ein Glück ohne Ende. Ob damals
jemand mich so ansah, vor vierzig Jahren,
und dachte, *so soll das Leben sein*;
[…]

[…] *Er*
und seinesgleichen schlittern auf der langen Bahn hinunter,
frei wie die gottverdammten Vögel. [...]«[2]

2 Philip Larkin, »Hohes Fenster«, aus dem Englischen von Waltraud Anna Mitgutsch, in: *Englische und amerikanische Dich-*

Im Gedicht sind hohe Fenster und eisiges Blau Larkins Trost. In der Realität ist es eine riesige Pornosammlung.

Die Schmuddelhefte und ihre vermeintlich seriösen Gegenstücke spielen in der Tat eine bedeutende Rolle im System der Sexkindheit. In Larkins Leben ging lyrisches Verlangen Hand in Hand mit den Erfüllungen, die die Pornografie bereithielt, und auf einer sehr viel banaleren Ebene stehen wir alle an dieser Weggabelung. Die umgangssprachlichen Ausdrücke »Männermagazin« und »Frauenmagazin« scheinen zunächst zwei ganz unterschiedliche Gattungen von Publikationen zu bezeichnen. »Frauenzeitschriften« haben den Charakter von Ratgebern: Wie stellt man sich als Frau zur Schau? Wie kann man Männern besonders gut zu Diensten sein? Inzwischen (aber vielleicht war das schon immer so) sind weitere Fragen dazugekommen: Mit welchen Tricks können Frauen Männern erotische und emotionale Befriedigung abluchsen, wie überlistet sie den Mann, während sie aus den Vorbereitungen für die Selbstdarstellung möglichst viel erotische und emotionale Befriedigung für sich selbst zieht? »Männermagazine« wiederum sind pornografisch: Sie bringen uns bei, wie man Frauen ansieht, wie man sie in Fantasien einbaut, wie man sie dominiert und ihre Gegenwart genießt – und wir lernen, in was man sich verwandelt, während man genau das tut.

Wir haben es mit zwei unterschiedlichen Genres zu tun, die dennoch zum selben Kontinuum gehören. Ratgeber- und Modezeitschriften für Frauen wie *Cosmopoli-*

tung, Bd. 3: *Von R. Browning bis Heaney*, herausgegeben von Horst Meller und Klaus Reichert, München: C. H. Beck 2000, S. 347, 349.

tan, Glamour, Elle oder *Vogue* repräsentieren erotische Jugendlichkeit, allerdings nicht die sexualisierte Jugend im wörtlichen Sinn. Sie versorgen Alte genauso wie Junge mit Abkürzungen auf dem Weg zur ewigen Jugend: Wie hält sie ihre Haut jung, wie hält sie ihre Muskeln jung, wie hält sie ihr Denken jung, wie kann sie sich für immer jung fühlen, wie kann sie Vitalität andernorts abschöpfen, um sogar dann noch »jung« zu sein, wenn sie es im eigentlichen Sinne gar nicht mehr ist, und wie kann sie sich ihre Jugend zunutze machen, solange sie jung ist? Sie erfährt früh, was sie später verlieren wird, und sie gewöhnt sich daran, eben jenen Alterungsprozess zu verleugnen, an dem sie sich ohne die »Hilfe« solcher Magazine vielleicht gar nicht in diesem Ausmaß gestört hätte.

Männermagazine fixieren das Begehren ihrer Leser angesichts der großen Bandbreite weiblicher Formen und Körper sowie der verschiedenen Modi der Verführung und Unterordnung. Dabei fragmentieren sie den Markt in Segmente für verschiedene Körperteile, sexuelle Praktiken, Grade der Explizität, aber auch Altersstufen. Für die Pornografie ist Jugendlichkeit von besonderer Bedeutung. In den »Girls of the Big Ten«-Bilderstrecken des *Playboy* ist das College-Girl eine zentrale Figur. *Hustler* führt in seinen Magazinen und Videos bis heute die gnadenlose *Barely Legal*-Sparte weiter, die von *Just 18, Finally Legal* und vielen weiteren Billigtiteln, die im kleinen Supermarkt um die Ecke unter der Ladentheke gehandelt werden, nachgeahmt werden. In der Halbwelt des Internets und der Onlinepornografie sind »Teenager« eine sogar noch zentralere Kategorie. Natürlich ist es in den Vereinigten Staaten hochgradig illegal, irgendjemanden unter achtzehn in sexuellen Posen zu fotografieren. Gemäß dem sogenannten Einwilligungsgesetz 2257 sind Porno-produzenten dazu verpflichtet, öffentlich einsehbare Auf-zeichnungen zu führen, um zu beweisen, dass alle Dar-stellerinnen achtzehn oder älter sind. Genau genommen, können »Teen«-Darstellerinnen also nur entweder acht-zehn oder neunzehn sein, wenn sie dieses Alleinstellungs-merkmal wirklich aufweisen sollen; außerdem wirken ohnehin die wenigsten von ihnen in irgendeiner Weise sexuell unreif. Auf diesen Seiten geht es also gar nicht um Kinderpornografie. Stattdessen werden die vermeintli-chen Teenager *in exemplarischen Situationen* als unreif inszeniert und, umgeben von den Symbolen des Studen-tinnenlebens, abgelichtet: im Klassenzimmer oder Wohn-heim, im Kreise der anderen Cheerleader oder daheim bei den Eltern, beim Babysitten, beim ersten Job – niemals mit Ehemann, nie mit ihren Kindern, als Immobilienmak-lerin, in der Vorstandsetage oder im Schalterraum einer Bank. Niemals im Leben einer Erwachsenen.[3]

3 Jene Spielart der feministischen Kritik an der Pornografie, die in der Vorstellung wurzelt, der Frauen gegenüber gewalttätige Mann suche Rache zu üben für die Bedrohung, die die Emanzi-pation für ihn darstellt, mag für unser Zeitalter der »Befreiung« ganz andere Dinge prophezeit haben: ausführliche Darstellungen von Situationen, in denen erwachsene Frauen in einflussreichen Positionen buchstäblich gedemütigt oder erniedrigt werden. Was diese Kritik jedoch nicht vorhergesehen hat, war die Kehrtwende hin zu einer Sexualisierung der Jugend. Obwohl diese beiden Linien der Kritik keineswegs inkompatibel sind (Jugendlichkeit kann beispielsweise immer noch dazu genutzt werden, die wirk-liche Gleichberechtigung unter Erwachsenen zu sabotieren), ha-ben sich, historisch betrachtet, feministische Lesarten der Jugend und des Alterns als wesentlich bedeutsamer erwiesen als die MacKinnon/Dworkin-Linie der Pornografie-Kritik.

Eine Gesellschaft, die sich entschieden hat, dass es illegal sein soll, Minderjährige auszubeuten, muss demnach gleichzeitig daran interessiert sein, Jugend zu simulieren. Sie instrumentalisiert dabei oft Menschen, die zwar sexuell reif sind, die Schwelle zum Erwachsenenalter aber eben erst überschritten haben. Sowohl in ihren seriöseren als auch in ihren sittenwidrigen Publikationen befördert sie einen allgemeinen, mit der Androhung von Sanktionen verbundenen Druck auf Frauen, die Phase der Jugendlichkeit auf das ganze Leben auszudehnen. Und sie ermuntert Männer, sich dieser Jugendlichkeit gierig zu bedienen.

Während der junge Mensch noch nie alt gewesen ist, war der alte Mensch schon einmal jung. Blickt man in der Altershierarchie nach oben, sieht man Fremde; blickt man hinab, sieht man nichts als Varianten seiner selbst. Bei Erwachsenen hängt es allein vom eigenen Selbstentwurf ab, ob einem diese hinreißenden jüngeren Inkarnationen wie etwas vorkommen, das man längst hinter sich gelassen hat, oder ob man das Gefühl empfindet, es gebe einen allzu nahtlosen Übergang zwischen ihnen und der Person, die man heute ist. Welches Selbstbild man pflegt, hängt wiederum von den jeweiligen Haltungen einer Kultur zum Erwachsensein und zur Kindheit ab, zum Alter und zur Jugend. Genau hier fängt der Ärger an. Denn in einer Gesellschaft, in der Sex die erste wirkliche Erfahrung darstellt, ergibt es tatsächlich so etwas wie Sinn, zu jenem Alter zurückzukehren, in dem man mit Sex die allerersten Erfahrungen gesammelt hat; ein Alter, in dem man sich in der angeblich privilegiertesten Position für solche Erfahrungen befand. Und damit kommen wir endlich zum eigentlich entscheidenden Punkt. Es geht nämlich gar nicht so sehr um Sex an sich als vielmehr um einen fundamentalen Wandel in unserem Verständnis der Freiheit und um die Frage, was in dem Wettkampf, in den sich unser Leben zunehmend verwandelt, eigentlich auf dem Spiel steht.[4]

4 Ich möchte an dieser Stelle auf zwei weitverbreitete Argumentationsstränge eingehen, die meiner Darstellung insofern widersprechen, als sie darauf insistieren, dass die Attraktivität sexuell reifer Kinder nicht kulturell bedingt ist, sondern natürlich. Das erste Argument gehört sozusagen zum historischen Common Sense: Geschlechtsreife Kinder im Teenager-Alter von etwa fünfzehn Jahren *waren* bis vor nicht allzu langer Zeit de facto Erwachsene, weil man früher in diesem Alter heiratete. *Krieg und Frieden*, einer der größten Romane des 19. Jahrhunderts, spielt zur Zeit der Napoleonischen Kriege. Natascha, diese Verkörperung des Ideals der russischen Frau, ist vierzehn, als sie zum ersten Mal die Aufmerksamkeit ihrer Verehrer weckt. Wir haben es übrigens nicht mit irgendwelchen Verehrern zu tun, die ihr da den Hof machen: Unter ihnen finden sich Husaren aus der Armee des Zaren und sogar ein Graf. Diejenigen, die sich gerade von diesem Aspekt ihrer Persönlichkeit angezogen fühlen, gehen mit der Tatsache, dass sie noch ein Mädchen ist, so sachlich um, als handele es sich um etwas ganz Alltägliches. Ihre Eltern hingegen schätzen die Sache realistisch ein, sie fürchten, sie sei noch nicht reif genug, um ihr Elternhaus zu verlassen und einen Haushalt zu führen. In den Vereinigten Staaten lag dem Historiker Philip Jenkins zufolge das Alter der »Sexualmündigkeit« bis in die neunziger Jahre des 19. Jahrhunderts bei zehn Jahren. Erst danach wurde das Schutzalter auf sechzehn bzw. achtzehn Jahre angehoben, je nach Bundesstaat.

Das zweite Argument wird nur gelegentlich explizit und viel häufiger implizit vorgebracht, und zwar im Bereich der evolutionären Psychologie. Vertreter dieser Disziplin versuchen, das Verhalten heutiger Menschen als Ergebnis der Suche nach optimalen Strategien zur Weiterreichung von Genen zu erklären. Unser Verhalten in der Gegenwart ist aus dieser Perspektive durch Schaltkreise in unserem Gehirn vorgezeichnet, die im Laufe der Evolu-

Wir müssen also über den Wandel selbst nachdenken, der in der Zeit Nabokovs längst begonnen hatte und der bis heute ein gutes Stück weiter vorangeschritten ist; über jene Transformation, die eine Welt hervorgebracht hat, in der wir zugleich frei und unterjocht sind. Die Rede ist von der sexuellen Befreiung.

*

tion entstanden, die sich jedoch auch angesichts der Anforderungen als nützlich erweisen, vor die uns die Fortpflanzung heute stellt. »Jugend ist ein ganz entscheidender Faktor«, schreibt der evolutionäre Psychologe David M. Buss in *The Evolution of Desire*, seinem Standardwerk zum Thema Sexualität, »da der reproduktive Nutzen einer Frau ab dem zwanzigsten Lebensjahr stetig abnimmt. Mit vierzig ist ihre Reproduktionsfähigkeit niedrig, und mit fünfzig liegt sie nahezu bei null.« Nimmt man die erfolgreiche Weitergabe von Genen als Richtschnur, so ist es sinnvoll, Kinderwünsche umzusetzen zwischen dem Zeitpunkt, an dem sich die ersten sichtbaren Anzeichen für den Beginn der Pubertät zeigen (heute also etwa im Alter von zwölf Jahren), und dem Alter, mit dem der reproduktive Niedergang einsetzt (etwa mit zwanzig). Die entsprechenden Verhaltensdispositionen seien unbewusst, das Begehren der Männer richte sich jedoch auf fruchtbare, gesunde Frauen in einem Alter, das noch maximal viel Zeit lässt, bevor die Reproduktionsfähigkeit abnimmt. Den Grundannahmen der evolutionären Biologie und Psychologie zufolge gilt insofern, dass Männer sich in allen Gesellschaften bis in die Gegenwart besonders von Mädchen angezogen fühlen, die gerade die Pubertät erreicht haben. Dies würde sich nur dann ändern, wenn sich statistisch nachweisen ließe, dass die Wahrscheinlichkeit des Reproduktionserfolgs in den Jahren nach der ersten Regelblutung zunächst deutlich zunimmt, allerdings dürfte das maximale Alter auch hier bei vierzehn oder fünfzehn Jahren liegen.
Weder das historische noch das biologische Argument scheinen uns jedoch im Hinblick auf jenes Phänomen weiterzuhelfen, um das es in diesem Essay geht: das Sexkind, wie wir es heute kennen.

Befreiung impliziert die Freiheit, Dinge tun zu dürfen, die man ohnehin längst getan hat oder schon immer tun wollte. Sie macht einem zugänglich, was man als selbstverständlich empfindet, was nichts kostet und worüber man ohne irgendwelche Hindernisse verfügen kann. Sie entfernt die bleierne Last gesellschaftlicher Verbote. Doch selbst in der glorreichen Epoche der totalen Befreiung der Menschen, die in den Sechzigern begann und bis heute andauert, ist das, was vielen wie eine Befreiung vorkam, nichts anderes gewesen als eine *Liberalisierung* (eine Un-

Ich denke, das liegt daran, dass keines von beiden zu fassen vermag, wie wir unser eigenes Begehren in der Gegenwart erfahren. Im Rahmen dieses Begehrens spielen die Sexkinder nämlich allenfalls eine sekundäre Rolle, sie sind nur durch unsere Einbildungskraft vermittelt präsent. Im wirklichen Leben spüren Erwachsene die sexuelle Anziehungskraft anderer Erwachsener. Wenn wir die Möglichkeiten ausschließen, dass das Begehren vollkommen unbewusst funktioniert (also nicht formbar und gesellschaftlich geprägt ist) und dass das Soziale nichts anderes darstellt als eine Projektionsfläche oder eine Täuschung – eine sehr komplexe Einbildung, die die Wirkungsweise biologischer Determinismen verschleiert –, so schwant mir, dass wir es bei den Sexkindern viel eher und vor allem mit der sexuellen Attraktivität der *Jugendlichkeit* als solcher zu tun haben als mit der Anziehungskraft konkreter *Jugendlicher*. Aus dieser Perspektive sehnen wir uns nach der Aufbruchsstimmung, die das Sexkind erlebt, wenn es die ersten Erfahrungen mit seiner Reife und Mündigkeit macht, bevor es in die Fänge neuer Regeln gerät: nach der Jugend im Sinne eines ewigen Werdens, eines Zustands, in dem man für alle Zeit immer nur neue Erfahrungen macht. Von solchen Fantasien einmal abgesehen, scheint mir die Anziehungskraft gerade geschlechtsreifer Kinder ausgesprochen schwach zu sein, keinesfalls stark. Mir ist jedoch vollkommen klar, dass Introspektion keine Wissenschaft ist, und ich bin mir bewusst, dass nichts von all dem die Anhänger naturalistischer Ansichten zufriedenstellen wird.

terscheidung, die Herbert Marcuse verwendet hat). Liberalisierung ermöglicht den freien Handel mit ehemals streng regulierten oder tabuisierten »Waren« und schafft auf diese Weise Märkte für Dinge, über die wir vorher umsonst verfügten. In gewisser Weise führt sie dazu, dass Besitztümer, über die wir zuvor gar nicht groß nachgedacht haben, in dem Moment ihre Selbstverständlichkeit verlieren, in dem uns offiziell erlaubt wird, sie zu genießen. Am Ende wissen wir dann überhaupt nicht mehr, *wie* man sie auf die korrekte Weise besitzt, es sei denn, man hält sich an die neuen Regeln, die formuliert wurden, um den Handel mit diesen Waren zu steuern.

Zu den wesentlichen Errungenschaften der sexuellen Befreiung gehören das Ende der Scham und die Legalisierung außerehelicher sexueller Beziehungen (ein Wandel, der sich über das ganze 20. Jahrhundert hinweg vollzog); die Entkopplung von Sex und Fortpflanzung (die 1960 mit der Einführung der Pille ihren Abschluss fand); die feministisch motivierte Reorganisation des Geschlechtsverkehrs rund um den Orgasmus und die Lust der Frau (etwas später, um 1970); und der Beginn der Entstigmatisierung der gleichgeschlechtlichen Liebe (seit 1970). All diesen Reformen lag die Absicht zugrunde, die soziale Ächtung von Praktiken aufzuheben, denen die Menschen ohnehin längst nachgingen.

Im Unterschied zur Liberalisierung bemisst sich der Grad der Befreiung jedoch daran, ob man sich nun auch frei entscheiden kann, *sex*frei zu leben – die Sexualität zu ignorieren, asexuell zu sein usw. –, ohne aufgrund einer solchen Abweichung von der Normalität mit sozialer Schmach oder mit Bloßstellung rechnen zu müssen. Wer wirklich befreit wurde, sollte selbst darüber entscheiden können, ob er nun Sex haben will oder nicht; es sollte möglich sein, Sex vollkommen gleichgültig gegenüberzustehen; man sollte in der Lage sein, die eigene Sexualität anzuerkennen oder zu ignorieren, wann und wie es einem gerade gefällt. Wir sollten die soziale Kategorie der Asexuellen einführen, die sich entscheiden, keinen Sex zu haben, genau wie andere beschließen, endlos spektakulären Sex zu haben. Wir sollten solchen Menschen nicht länger mit Argwohn oder Mitleid begegnen. Einer der grausamen Trugschlüsse der sexuellen Befreiung bestand in der Illusion, im Zuge der Liberalisierung sei man nur dann wirklich frei, wenn man Sex für das Allerwichtigste hält und gegenüber allen anderen permanent in aller Offenheit demonstriert, wie man sich darum bemüht. Man musste sozusagen beweisen, dass man ihn genießt.

Wir hatten es plötzlich mit einer neuen Form der Unfreiheit zu tun. Im Nachhinein hat es den Anschein, als sei dieser Verrat an der sexuellen Befreiung ein Fehler gewesen, dem die Befreier gar nicht entgehen konnten. Über Jahrhunderte hinweg hatten Moralisten immer wieder gesagt: »Die Sexualität muss *kontrolliert* werden, weil sie so mächtig und so wichtig ist.« Aus genau diesem Grund sahen sich die sexuellen Befreier genötigt, im Gegenzug zu behaupten: »Gerade weil sie so mächtig und so wichtig ist, muss die Sexualität *befreit* werden.« Im Endeffekt wäre diese Befreiung jedoch weitaus wirkungsvoller gewesen, wenn die Reformer die Sexualität nicht mit dem Hinweis auf die zentrale Rolle befreit hätten, die sie im Leben einnimmt, sondern aufgrund ihrer Trivialität. Sie hätten ja auch sagen können: »Sexualität ist eine biologische Funktion – und daher kein Anlass, irgendjemanden zu verfolgen. So etwas wie *die Wahrheit der Sexualität gibt es gar nicht*, man darf wegen einer so grundsätzlichen, biologischen und privaten Angelegenheit auf niemanden irgendeine Form des Zwangs ausüben und niemanden aufgrund solcher Nebensächlichkeiten verfolgen. Wir müssen die Menschen in Ruhe lassen und dürfen sie weder dazu zwingen, ihre Sexualität zu verleugnen noch sie in aller Öffentlichkeit auszuleben.«

Diese unglückliche, den Kern der sexuellen Befreiung betreffende Formulierung konnte allerdings nur deshalb so viel Schaden anrichten, weil sich herausstellte, dass eine andere mächtige Institution die Vorstellung, Sex sei die wertvollste aller Erfahrungen, nur allzu gut gebrauchen konnte: der Markt. Zunächst war es gar nicht so einfach, das Feld der »Sexualität« von einer ganzen Reihe rivalisierender Normen zu befreien, die es seit Jahrhunderten strukturiert hatten: vom Vorrang der Familie, von religiösen Verboten und biologischen Einschränkungen. Als die Befreiung dann jedoch so weit fortgeschritten war, dass sie als respektabler Erfolg gelten konnte, war es geradezu unverschämt einfach, sie gleich noch weiter zu »befreien«. Die Industrie hatte nämlich herausgefunden, dass sich ihr nun ganz neue Wege boten, das Privatleben zu kolonisieren, und warf daher ihr ganzes Gewicht in die Waagschale der neuen Werte. Was folgte, war eine Liberalisierung mithilfe der Kräfte kommerzieller Transaktionen, die jetzt die Bühne betraten, um diesen Markt auszudehnen und zu regulieren. Es war ein harter Kampf, linke Ideen durchzusetzen wie freie Liebe, die Vorstellung, dass das Körperliche nicht sündhaft sei, oder die Anerkenntnis, dass Frauen genauso intelligent und begabt sind wie Männer und denselben Anspruch auf Würde haben – und tatsächlich sind sie nach wie vor umstritten bzw. stehen sie im Begriff, ausgehöhlt zu werden. Im Gegensatz dazu war es ein Klacks, überall sexuelle Stimuli und erotische Darstellungen zu platzieren, Sünde neu zu definieren als die Vernachlässigung des untrainierten, nicht erregten Körpers, und all jenen Menschen ein Gefühl der Scham einzuflößen, die so etwas wie Nichtsexualität an den Tag legen oder – die schlimmste Verfehlung überhaupt – bewusst auf Sex verzichten.

Widerstand gegen all dies wird nicht nur für altmodisch gehalten, sondern für ebenso freudlos wie puritanisch – mit einem Wort: für hässlich. Sextalk ist heute ein so wichtiger Teil des alltäglichen Glamours und derart unerlässlich, um zu demonstrieren, dass man ein moderner, fortschrittlicher Mensch ist, dass niemand darauf verzichten will. Man muss sich allerdings klarmachen, dass kommerzieller Sextalk reaktionär ist und die eigentlich progressive Haltung darin besteht, dagegen zu kämpfen. Im Zuge der Liberalisierung ist es jedoch so weit gekommen, dass heute jeder Diskussion über Befreiung der Makel des Unästhetischen, ja des Hässlichen anhaftet – mit Ausnahme jener oberflächlichen Verherrlichung der »Woodstock-Generation«, die man gelegentlich im Fernsehen zu sehen bekommt. Für den ästhetischen Symbolismus der Liberalisierung sind die ursprünglichen Befreier Ungeheuer: Sie rasieren sich nicht einmal die Beine! Es ist ihnen egal, dass sie fett sind! Sie haben keinen Spaß! Wer darauf hinweist, dass wir alle körperliche Regungen verspüren und dass man diese nicht weiter vermehren oder steigern kann, indem man sie reglementiert, indem man irgendwelche Spezialkenntnisse erwirbt oder mehr davon kauft, gilt *automatisch* als schmutzig und ekelhaft. In der Marktwirtschaft wird man damit zu unproduktivem Müll, also zu etwas, was sich nicht gegen Geld an den Mann oder die Frau bringen lässt. Es ist (und darauf machte schon Foucault mit Nachdruck aufmerksam) nicht die Unterdrückung der Sexualität, die der Befreiung im Weg steht, sondern die uns nur allzu vertraute Tatsache, dass man die Sexualität permanent »befeuert«. Und wodurch auch immer die Sexualität heute in Gang gesetzt wird, sie wird dadurch zugleich in die *Öffentlichkeit* gezerrt, so dass die bislang als legitim geltende Balance zwischen dem Privaten (dem Ort der körperlichen Sicherheit) und dem Öffentlichen (der Sphäre der Gleichheit) massiv durcheinander gerät.

*

Bleibt die Frage, warum die Liberalisierung kehrtgemacht hat, um nun die Jugend zu verschlingen.

Wie kann ein System den Menschen einreden, dass sie auf die falsche Weise von ihrer Sexualität Gebrauch machen? Man muss ihnen beibringen, dass sie in ihren Händen formlos und roh ist. Erst wenn sie bearbeitet, mit Schichten von Expertenwissen überzogen, mit Normen durchwoben und mit Abbildungen versehen wurde und man sie ihren eigentlichen Eigentümern als Ware verkauft hat, kann sie sich als das erfüllen, was diese »schon immer wollten«. Brüste, die man sich zuvor weggehungert hat, kann man in Form von Implantaten erwerben. Man bekommt das ursprünglich kostenlose Gut auf unnatürliche Weise zurück, aber dazu muss es erst einmal zerstört werden.

Wie kann man Menschen davon überzeugen, dass Dinge, die scheinbar im Überfluss und kostenlos zur Verfügung stehen, knapp sind? Man muss nur die Reichweite jener neuen Normen ausdehnen, die ohne äußere Eingriffe nicht erfüllt werden können. Jugendlichkeit wird zum wichtigsten Kriterium im Wettbewerb um Sex. Das Überraschende daran ist nun nicht, dass Jugend sich als etwas Erstrebenswertes erweist, sie hatte schließlich schon immer ihren Charme, sondern dass man denken könnte, sie sei *kein wirksamer Faktor* in dieser Konkurrenzsituation, da sie doch zu Beginn des Lebens gratis an alle ausgegeben wird. Und doch ist Jugend von Natur aus flüchtig, an jedem gelebten Tag verlieren wir ein bisschen mehr davon. So kann sie zur fundamentalen Erfahrung des Vergehens einer Ware werden, zur Ur-Erfahrung des Veraltens. Außerdem hat sie jedem von uns zu einem bestimmten Zeitpunkt schon einmal gehört, so dass selbst die künstlichsten Mittel gerechtfertigt scheinen, weil sie für einen scheinbar »natürlichen« Zweck eingesetzt werden: Man verwandelt sich wieder in den, der man schon einmal war. Jugendlichkeit wird damit zu einem physischen Aspekt der Erinnerung: Jeder Konsument entdeckt winzige äußerliche Details wieder, von denen einzig er selbst je wusste (da man sich jeden Tag im Spiegel betrachtet, kennt niemand anderes die Geschichte des eigenen Gesichtes und des eigenen Körpers so gut wie man selbst). Nach wie vor behaupten wir, wir interessierten uns vor allem für die Schönheit, und die Schönheit umfasse nun einmal auch unsere Faszination für die Jugendlichkeit. Wer schön ist, hat eben irgendwie Glück gehabt; wir haben längst akzeptiert, dass Schönheit ungleich verteilt ist. Das Ideal der Jugendlichkeit hingegen ist gerade deshalb so viel wirkmächtiger, weil es sich dabei um etwas handelt, das wir alle permanent verlieren.

Der Wunsch, etwas wiederzuerlangen, das man verloren (oder nie wirklich genutzt) hat, führt letztendlich dazu, dass der Wettbewerb immer neue Bereiche erfasst. Die Konkurrenz lässt sich recht einfach anstacheln: Man benötigt dazu nichts Schändliches oder ein allzu großes Selbstbewusstsein, schon gar keine Kontrolle von oben (wobei es bisweilen angemessen sein kann, diesen Prozess metaphorisch als ein weiteres Feld zu beschreiben, das der Kontrolle unterworfen wird). Man braucht nichts weiter als eine Kultur, in der journalistische Gattungen wie Kommentare oder Klatschnachrichten (Nachrichtensendungen, Talk Shows, Ratgeber) begleitet und finanziert werden von Werbung für ästhetische und ästhetisierbare Produkte – von Hautcreme über Viagra bis hin zu Autos. Das ist zutiefst banal, aber genau darum geht es. Wenn die Menschen erst einmal davon überzeugt sind, dass sie jung bleiben müssen, wenn sie von anderen begehrt werden wollen; dass es unzählige Hilfsmittel gibt, um diesen Zustand zu bewahren; wenn man ihnen die Vermutung unterjubeln kann, dass Jugendlichkeit ein besonders reales und legitimes Kriterium der Attraktivität ist, dann wird die Konkurrenz durch das aufeinander bezogene Gerede all der Schwätzer weiter angeheizt: der professionellen Kommentatoren und Produktverkäufer, der hilfsbedürftigen Zuhörer und der ganz normalen Leute. Es gibt keine Normen, die vorab vorgegeben werden, sondern sie entstehen im permanenten Dialog zwischen dem zweifelnden Individuum und der wissenden Gesellschaft; oder zwischen dem Einzelnen, der aus heiterem Himmel etwas erfindet, und der »anpassungsfähigen« Kultur, die überall nach neuen Trends Ausschau hält: eine Dialektik, die im Rahmen eines Prozesses, der das Begehren – im Schlafzimmer, in Gesprächen, auf dem Markt usw. – kanalisiert, letztendlich *im Inneren* all der Menschen reproduziert wird, die an sich zweifeln (»Werde ich etwa allmählich alt?«) und gleichzeitig nach Know-how suchen, um diese Entwicklung aufzuhalten (»Aber ich kann wieder jung sein!«).

Was nun konkretes Anschauungsmaterial und Lehrbeispiele angeht, mag es für diejenigen, die sich auf der Suche nach der sexuell begehrenswerten Jugendlichkeit befinden, hilfreich sein, der Spur zu jenen zu folgen, die tatsächlich im Besitz von Jugend sind. Deshalb fachen die jungen Leute, die man uns in allen möglichen Formen (ob nun in der Werbung, im Starkult, in der Ratgeber-Literatur, im alltäglichen Gerede oder in Mythen) präsentiert, die Konkurrenz auch dann weiter an, wenn sie selbst gar nicht die »Zielgruppe« einer bestimmten Kampagne sind.

Und doch sind die Jugendlichen in sexueller Hinsicht tabu. Dafür sorgen Gesetze, die Moral und – sichtbarer – die Institutionen, in denen sie unterwiesen und beschützt werden. Ein Erwachsener wird gar nicht die Gelegenheit bekommen, Studentinnen oder Studenten eines Colleges anzufassen, vor allem, weil diese in geschlossenen Institutionen leben. Angesichts der Gefahr, gefeuert und öffentlich bloßgestellt zu werden, haben Professoren im Lauf der Zeit gelernt, sich von ihren Studentinnen oder Studenten fernzuhalten. Genau genommen, sollten überhaupt keine Erwachsenen in Situationen landen, in denen sie intime Kontakte zu Highschool-Schülerinnen oder -Schülern haben, es sei denn, ihnen ist auch noch das letzte bisschen Gewissen abhandengekommen und das Gefängnis hat seine abschreckende Wirkung eingebüßt. Die schrecklichen Ausnahmen, Missbrauchsfälle in der wirklichen Welt, gehen, wie wir nur allzu gut wissen, meist von jenen aus, die die Kinder innerhalb der Institutionen unterrichten und behüten sollen: Grundschullehrern, Priestern, Babysittern und, bei Weitem am häufigsten, von Eltern und anderen Familienmitgliedern. Diese kriminelle Teilmenge steht in einer mehrdeutigen Beziehung zur allgemeineren Faszination. Für die Gesellschaft insgesamt, die die geschlechtsreifen, vom Markt der Sexualität jedoch durch Institutionen oder Gesetze Abgeschirmten, unablässig unter die Lupe nimmt, werden die Sexkinder zur perfekten Arena für den Wettbewerb, eine sagenumwobene Ware, die in ihrer reinen Form schlichtweg unerreichbar ist.

Daher rührt das finale Dilemma einer kapitalistischen Gesellschaft, die vom vergeblichen Streben nach absoluter Freiheit regiert wird und von Sexkindern wie besessen ist: Einerseits sind die jungen Leute vor allem deshalb so faszinierend, weil sie die Jugend (die wir für uns selbst, gerade wegen der Wettbewerbsvorteile, die sie uns verschaffen kann, so gerne hätten) in ihrer vollkommensten Form besitzen. In biologischer Hinsicht sind sie die Superreichen, deren Vermögen wir plündern wollen, weil wir spüren, dass sie keine Ahnung haben von den Schätzen, die sie da hüten. Aus reinem Zufall befinden sie sich an der Spitze der Hierarchie. *Das Begehren nach der Sexkindheit ist insofern die Vollendung des wettbewerbsorientierten Systems.* Andererseits ist das individuelle Sexkind innerhalb dieser Ordnung die einzige Gestalt, von der man annimmt, sie befände sich *außerhalb* des Wettbewerbs. Eine Gestalt, in deren Händen die Sexualität noch ein natürliches Gut ist, ungeschmälert, eine Gabe, reine Potenzialität, nichts, was knapper und permanent durch unsere abnehmende Attraktivität und unser Altern gefährdet wird. Für Sexkinder bleibt Sex eine vollkommen neue Erfahrung der Freiheit und Wahrhaftigkeit, und er birgt das Versprechen, so etwas wie ein besseres Selbst formen zu können. Was die Fleischeslust anbelangt, sind die Teenager keineswegs unschuldig, doch sie sind noch nicht Teil des sündhaften Wettbewerbs. *Eine Sexkindheit zu begehren, wird daher zum Wunsch nach Freiheit vom System.* Das Sexkind selbst kann dann eine personifizierte Utopie sein, wenn er oder sie jene brutale Dystopie stützt, der er oder sie mit seiner oder ihrer Jugendlichkeit das zentrale Prinzip der Konkurrenz liefert.

*

Während ich an einem ersten Entwurf dieses Essays arbeitete, waren die Nachrichten voll von Berichten über eine 22-jährige College-Studentin aus North Dakota, Dru Sjodin, die entführt und ermordet wurde, als sie gerade die Victoria's-Secret-Filiale verlassen hatte, in der sie als Verkäuferin arbeitete. Die Polizei verhaftete einen fünfzigjährigen »Triebtäter dritten Grades«, der auf dem Parkplatz des Einkaufszentrums erkannt worden war, obwohl er fünfzig Kilometer entfernt in Minnesota lebte. Man stellte Spuren von Drus Blut in seinem Auto fest, aber die Polizei konnte das Mädchen nicht finden. In den Nachrichten war jedoch immer und immer wieder ein schickes Foto von ihr, das auf dem College aufgenommen worden war, zu sehen, man verglich sie mit anderen entführten Jugendlichen und ritt auf ihrem Arbeitsplatz und all den Dessous herum.

Damals dachte ich, dass derlei immer wieder geschehen wird, solange Geschlechtsverkehr mit Sexkindern in unserer Gesellschaft das begehrteste, am stärksten mit Fantasien aufgeladene aller Konsumgüter ist. Dass ein Mörder in ein Einkaufszentrum fährt, um ein Sexkind zu entführen, erschien mir irgendwie unvermeidlich, auch wenn ich es angesichts der Umstände fürchterlich fand, so etwas zu denken. Die ganze Tragödie war so deprimierend, dass ich aufhörte, an dem Essay zu arbeiten

Als ich den zweiten Anlauf unternahm, konsultierte ich die wissenschaftliche Literatur über Kindesmissbrauch. Darunter gibt es Texte, deren Lektüre einigermaßen erträglich ist. Das gilt etwa für Berichte über missbrauchte Kinder, die sich bei Psychologen in Therapie begaben, die wiederum den anschließenden Heilungsverlauf in einer ganz eigenen, sehr hoffnungsvollen literarischen Gattung festhielten. Vollkommen unerträglich ist jedoch in der Regel die Literatur über Kinderschänder. In den Bibliotheksregalen finden sich wertvolle Beiträge zur Kriminologie und Psychologie, die Probleme wie Pädophilie und sexuellen Mißbrauch beleuchten, häufig ergänzt um ausführliche Interviews. Ich habe nicht allzu viel davon lesen können. Sosehr ich diese Männer auch bemitleidete, schien es mir doch eindeutig zu sein, dass man sie vernichten musste. Das war allerdings ein verrückter Gedanke, der meinen sonstigen Überzeugungen widersprach. Also begann ich darüber nachzudenken, was heute, in unserem areligiösen Zeitalter, den Platz der verabscheuenswürdigen Schandtat, des biblischen Gräuels eingenommen hat. Offensichtlich gibt es kulturelle Schnittstellen, an denen Phänomene entstehen, die man zwar erklären kann, die im Rahmen der Begriffe, mit denen die Strukturen operieren, die diese Dinge hervorbringen und analysieren, jedoch *nicht zu verteidigen* sind. Wer will in einer solchen Situation schon Konzepte wie Traumatisierung, Rehabilitation, Sozialisation oder biologisch bedingte Neigungen ins Spiel bringen. Man kann vor diesen Phänomenen nicht davonlaufen, sie lassen sich jedoch nicht in die Begrifflichkeiten der Gesellschaftsanalyse übersetzen, ohne dass dadurch unsere Werteordnung auf inakzeptable Weise durcheinander geriete. Das erklärt vielleicht die ausweglose Situation, in der man dann dem Impuls nachgibt, die Täter zu vernichten. Ich unterbrach die Arbeit ein zweites Mal.

In zunehmend finsterer Stimmung begann ich, das Rätsel der Sexkinder in so düstere Worte zu fassen wie irgend möglich. Es gibt in unserer Gesellschaft eine bestimmte Gruppe junger Menschen, die eine außerordentliche Wertschätzung erfahren, denen man nacheifert, die begehrt und begutachtet werden, die auf Leinwänden und Bildschirmen zu sehen sind, die als Lustobjekte fungieren und um die man sich auch sonst auf alle erdenklichen Weisen kümmert. Diese Kinder, die, rechtlich gesehen, gar keine Kinder mehr sind, ziehen all diese Aufmerksamkeit auf sich, weil sie so etwas wie Speicher einer unverbrauchten Sexualität darstellen, nicht wegen ihrer Intelligenz oder gar ihrer Schönheit. Haben sie ein Alter von siebzehn, achtzehn oder neunzehn Jahren erreicht, hebt die Gesellschaft sie kurzerhand auf den Olymp der sexuellen Attraktivität. Geht man jedoch von diesem mysteriösen Alter aus auf der Skala einige Stufen nach unten – sechzehn, fünfzehn, vierzehn Jahre usw. –, berührt die sexuelle Attraktivität der Kindheit rasch jenen Bereich, der in unserer Gesellschaft das absolut Böse beheimatet. Wer sich auf irgendeine Weise sexuell an Kindern vergeht, ist schlimmer als alle anderen Typen von Übeltätern: schlimmer als der Mörder, schlimmer als ein Erwachsener, der

Erwachsene vergewaltigt, schlimmer als jemand, der Kinder auf andere Art physisch oder psychisch missbraucht. Er kann selbst dann allein in der Rolle des Triebtäters in die Gesellschaft reintegriert werden, wenn er nur monströse Gedanken ausbrütet, wenn er der Polizei als chattender Cyberstalker ins Netz geht oder geschnappt wird, während er Bilder von Minderjährigen auf seine Festplatte herunterlädt. Er ist der »Pädophile«, egal ob er entsprechend handelt oder nicht. Da diese beiden Phasen – die Zeit, in der die sexuelle Attraktivität ihren maximalen Wert erreicht, sowie das Alter, in dem Sex mit Kindern das maximale Böse darstellt – unmittelbar aufeinander folgen, sollten wir uns da nicht fragen, ob es in unserer Gesellschaft nicht so etwas gibt wie eine strukturelle Beziehung zwischen unserem höchsten Gut und unserem absoluten Bösen?

Die nächstliegende Erklärung ist, dass wir womöglich Zeugen werden, wie zwei disparate Systeme an einem einzigen Punkt miteinander in Konflikt geraten. System A wäre die sexuelle Bewertung der Jugendlichkeit, angespornt von der Liberalisierung der Sexualität und ihrer wettbewerbsökonomischen Bindung an die Jugend. System B wäre die Moral der Erwachsenen samt des moralischen Impulses, jene Wesen zu schützen, die es vor sexuellen Übergriffen und allzu großer Aufmerksamkeit zu bewahren gilt – und zwar aufgrund der grausamen Nichtreziprozität, die Kindern sonst aufgezwungen wird, welche selbst noch gar kein sexuelles Begehren besitzen (dies gilt für echte Pädophilie, also für den Missbrauch von Kindern, die noch nicht die Pubertät erreicht haben); oder aufgrund der ebenso grausamen Zwangslage derer, die zwar alt genug sind, um selbst Begehren zu empfinden, die allerdings noch nicht in der Lage sind, wie Erwachsene ihr Einverständnis zu erklären oder sich vorzustellen, wie ihr zukünftiges Selbst einmal auf ihr Handeln zurückschauen wird (dies gilt im Fall des Missbrauchs Heranwachsender); und aufgrund des mit allen Formen des sexuellen Missbrauchs verbundenen fundamentalen Verrats an der sozialen Ordnung sowie an ihrer Zukunft, also in etwa wie ein Inzesttabu auf gesamtgesellschaftlicher Ebene. Die entscheidende Schwachstelle von System A (sexuelle Hierarchie, Ökonomie) liegt nun darin, dass es dazu tendiert, das Alter der Personen, auf die sich das sexuelle Interesse in besonderem Maße richtet, gnadenlos immer weiter herabzusetzen, bis selbst jene Kinder im juristischen Sinne erfasst werden, die die Sexualität in ihrer frischesten und knappsten Form in Händen halten. System B müsste eigentlich versuchen, diese Tendenz zu bekämpfen, indem es die notwendigen Restriktionen errichtet. Möglicherweise begeht System B aber gerade dann einen zerstörerischen Strafexzess, wenn es sich weigert, System A rundheraus infrage zu stellen. Anders ausgedrückt: Wenn die Moral den sexuellen Wert der Jugendlichkeit – mit all seinen bedrohlichen Nebeneffekten – prinzipiell akzeptiert, muss sie sich voller Rachedurst auf jenen einen Punkt fokussieren, an dem die Widersprüche sichtbar werden, und diejenigen überhart bestrafen, die der Jugend allzu sehr nachjagen oder dies in einem allzu wörtlichen Sinn tun.

Was auffällt, wenn man die Nachrichten sieht, ist die *Intensität* der strafenden Gewalt, die dort zum Einsatz kommt, wo die beiden Systeme aufeinanderprallen. Vom Standpunkt der Moral aus betrachtet, mag die überharte Bestrafung der Pädophilen und der Triebtäter (man verhindert, dass sie irgendwo anonym ihr Dasein fristen können; erklärt sie zu Fällen, in denen jede Rehabilitierung ausgeschlossen ist; jagt sie von Stadt zu Stadt, ohne ihnen die Möglichkeit zu geben, in die Gesellschaft zurückzukehren) absolut sinnvoll sein angesichts der äußersten moralischen Verwerflichkeit, die zum Ausdruck kommt, wenn ein Kind missbraucht wird. (Wobei dabei vielleicht auch jene zweifelhafte zeitgenössische Doktrin eine Rolle spielt, nach der es prinzipiell unmöglich ist, *Lüste* zu rehabilitieren.) Ebenso sinnvoll könnte es jedoch sein, uns mit der Möglichkeit auseinanderzusetzen, dass gerade die Gnadenlosigkeit des Pädophilie-Verbots dazu beigetragen hat, jene Kräfte zu rationalisieren oder gar zu festigen, die Jugendlichen, die nur wenige Jahre älter sind, den maximalen erotischen Wert zuweisen. Zu befürchten steht somit, dass es bei unserer kulturellen Fixierung auf das Thema Pädophilie weniger darum geht, dass wir die Kindheit wertschätzen und schützen wollen, sondern vor allem darum, dass wir ihren Sexappeal und ihr tatsächliches Sexualleben überbewerten bzw. falsch einschätzen. Das würde bedeuten, dass die Gesellschaft sozusagen verstanden hätte, dass sie so rücksichtslos gegen jegliche Form der sexuellen Annäherung an echte Kinder vorgehen muss, weil sie parallel so viel investiert, um die extreme ökonomische Bedeutung der Jugendlichkeit, die sich in den nur unwesentlich älteren Jugendlichen konkret manifestiert, aufrechtzuerhalten. Reagiert die Gesellschaft an dieser Stelle deshalb mit solcher Vehemenz, weil wir uns in dem Moment, in dem der Deckmantel der Moral entfiele, eingestehen müssten, wie die Situation in Wirklichkeit aussieht? Nämlich dass Kinder sich überhaupt nicht für Erwachsene interessieren, dass die sexuelle »Befreiung« der

Kinder nichts ist als ein Nebeneffekt unserer eigenen verlogenen »Befreiung«; und dass unser Leben mittlerweile auf allen Ebenen durch die omnipräsente sexuelle Erregung brutal verroht?

Wir müssen uns noch einen Schritt weiter in die Finsternis hineinwagen, um diese Überlegungen abzuschließen. Die bemitleidenswerteste und abgründigste Form der Pädophilie ist das sexuelle Interesse für Kinder, die noch nicht geschlechtsreif sind – also Pädophilie im psychologischen Wortsinn. Dabei handelt es sich um eine pathologische psychische Störung. Abgesehen davon, ist die sexuelle Belästigung von Kindern ein Phänomen, das es immer gegeben zu haben scheint. Dies lässt sich jedoch nicht vollständig darauf zurückführen, dass es eben zu jeder Zeit einen bestimmten Prozentsatz von Menschen gibt, die sich der psychopathologischen Kategorie des Pädophilen zuordnen lassen. Zumindest ein geringer Anteil der entsprechenden Fälle muss auch damit zu tun haben, dass sexuelle Impulse auf junge Menschen fehlgeleitet werden, die vorübergehend als Objekte der Verführung oder Faszination fungieren. Das beste Beispiel dafür ist das Begehren für geschlechtsreife Jugendliche, denen sich ein Erwachsener dennoch nicht in sexueller Absicht nähern kann, ohne etwas zutiefst Unrechtes zu tun. Gerade das permanente Überschätzen der Sexualität und der sexuellen Attraktivität junger Menschen scheint nun allerdings das Begehren bestimmter Menschen auf die falschen Objekte umzulenken. Dadurch wiederum sollte die Gruppe der erstmaligen oder gelegentlichen Übeltäter zahlenmäßig zunehmen, die möglicherweise nicht länger in der Lage sind, die einst hell leuchtende Grenze zwischen Gut und Böse zu erkennen – gerade weil der gesellschaftliche Diskurs diese Grenze zunächst verschob und dann immer mehr verschwimmen ließ.

Wenn dem so ist, dann handelt es sich bei dieser Form des unmoralischen Interesses nicht allein um das Ergebnis einer »gelockerten« Moral, sondern des Zusammenspiels von *Liberalisierung (nicht* Befreiung) und engstirniger kultureller Verbote. Die gesellschaftliche Sensibilität für Pädophilie nimmt zu; und möglicherweise bringen wir gerade auf diese Weise die Obsession hervor, die wir doch angeblich ablehnen. Der neue Pädophile der Gegenwart wäre dann ein Produkt unseres eigenen Wertesystems.

Welche Maßnahmen bieten sich an, um in dieser Situation Abhilfe zu schaffen? Eine Möglichkeit bestünde wohl darin, die kultische Verehrung der Jugendlichkeit zu beenden. Die Kindheit ist als Lebensphase dadurch gekennzeichnet, dass wir noch nicht das tun können, was wir eigentlich wollen. Wir sind ungeformt und dumm. In dieser Periode machen wir erste Erfahrungen. Diese kann man nun entweder als Prägungen verstehen, an denen wir alle weiteren Wiederholungen messen, wobei wir feststellen, dass diese im Lauf der Zeit an Klarheit verlieren; oder wir betrachten sie als unvollständige und unzulängliche Vorahnungen einer Wirklichkeit, die wir erst als Erwachsene kennenlernen werden. Wir wissen um die Schönheit junger Menschen; ihrer glatten Haut und ihrem unverbrauchten Fleisch bringt unsere Kultur traditionell Bewunderung entgegen. Wir wissen aber auch, dass die Schönheit der Jugend die Schönheit einer anderen, unfertigen Form des Lebens ist, nichts, was es nachzuahmen gilt. Man kann den jugendlichen Körper als Ideal wahrnehmen; oder aber als Rohling, der noch geprägt werden muss.

Ein zweiter Lösungsansatz könnte darin bestehen, Sex vollkommen zu banalisieren. Das lässt sich wesentlich schwerer umsetzen, da praktisch alle kulturellen Kräfte dagegen sind, Gegner der Liberalisierung und Verfechter der Prüderie eingeschlossen. Aldous Huxley hat uns vor einer Welt gewarnt, in der wir uns zum Geschlechtsverkehr so nüchtern, höflich und verbindlich verabreden wie derzeit auf einen Kaffee. Huxleys Szenario klingt in der Gegenwart wie ein wunderschönes utopisches Idyll. Bei Verabredungen zum Kaffee einigen sich immerhin beide Parteien auf friedliche Weise: Man trifft sich mit Menschen, die man eigentlich gar nicht treffen möchte, denen geht es genauso, aber am Ende kommen doch alle irgendwie auf ihre Kosten. Wenn Sex doch so eine einfache Angelegenheit wäre wie Verabredungen im Café! Sex lässt sich mit dieser Logik jedoch erwiesenermaßen nicht vereinen, und wahrscheinlich wird sich daran nichts ändern, selbst wenn es mittlerweile gelungen ist, eine Hürde zu überwinden, die in diesen Dingen bislang keine unwichtige Rolle spielte: die Unmöglichkeit nämlich, sexuelle Erregung genau dann einzuschalten, wenn man sie braucht. Die aktuelle Generation neuer Medikamente, die dieses Problem auf der physischen Ebene der Schwellkörper lösen, werden – wenn man Berichten über klinische Studien Glauben schenken darf – schon bald von Psychopharmaka abgelöst werden, die direkt ins, männliche wie weibliche, Gehirn eingreifen. Ich bin noch nicht restlos überzeugt, dass ihre Einführung eine Revolution im Bereich der Etikette nach sich ziehen wird.

Warum kann das Modell, in dem Sex zu einer unspektakulären Sache der Höflichkeit wird, von der beide Seiten gleichermaßen profitieren, nicht funktionieren? Das hat möglicherweise damit zu tun, dass unsere permanente Bereitschaft, jedes andere menschliche Wesen als Sexobjekt wahrzunehmen (eine Haltung, zu der uns übrigens unsere Kultur zusätzlich ermuntert) im Grunde genommen Ausdruck einer rücksichtslos egozentrischen, ja asozialen Mentalität ist: Jeder lebendige Körper gilt uns als Instrument, um uns Vergnügen oder anderweitige Vorteile zu verschaffen. Zuweilen frage ich mich, ob wir nicht Zeugen einer Entwicklung werden, im Zuge derer der Prozess des Lebens selbst vollständig sexualisiert wird, so dass alle anderen Formen der Lust oder des Vergnügens im Geschlechtstrieb zusammenfließen. Der Umweg über die warmen, weichen, lebendigen Körper anderer Menschen eröffnet uns dabei einen Zugang zum Autoerotizismus, ein Trend, der auf der Ebene des intellektuellen Diskurses in Begriffen wie »Selbstverwirklichung« oder »Selbstfindung« zum Ausdruck kommt. Die eigentliche Frage in Bezug auf Geschlechtsverkehr lautet in der Gegenwart dann nicht länger: »Wie ist er oder sie denn im Bett?« (eine Frage, die häufig und ohne jede Scham formuliert wird), sondern vielmehr: »Wie bin ich eigentlich im Bett?« (eine Frage, die selten bis nie laut ausgesprochen wird). Oder auf einer grundlegenderen Ebene: »Wer ist eigentlich dieses Ich, dem ich im Zuge des Geschlechtsakts begegne?« Sex wird somit zu einem weiteren Feld der Selbstfindung.

Die traditionelle Methode zur Trivialisierung der sexuellen Lust, nämliche ihre Unterordnung unter die alles überwältigende romantische Liebe, funktioniert mittlerweile nicht mehr wirklich, weil der Fokus auf die Selbstfindung das Konzept der romantischen Liebe selbst zunehmend unterminiert. Mit der Selbstfindung wurde zwischen dem Selbst und den anderen eine verspiegelte Wand eingezogen, so dass die Energie, die eigentlich in Faszination, Aufmerksamkeit oder Liebe fließen sollte, sich nun auf uns selbst richtet, selbst wenn sie vermeintlich jemand anderem gilt. Kombiniert man den Hype um die Selbstfindung mit der Vorstellung, man könne sich permanent verwandeln oder erneuern (wobei wir bei diesem Neuen immer im wörtlichen oder metaphorischen Sinn an Jugendlichkeit denken), dann hat man ein bestimmtes Segment der Bevölkerungen der wohlhabenden westlichen Welt wohl recht präzise charakterisiert.

Was folgt aus diesen Überlegungen? Wollen wir dem Sex seine übertriebene Bedeutung nehmen und zugleich den Kult um die Jugendlichkeit beenden, so werden wir nicht darum herumkommen, zunächst einmal ganz bewusst eine Umwertung vorzunehmen. Wir müssen die Hierarchie umkehren und die Werte des Erwachsenenlebens an die Spitze stellen: den Intellekt über den Enthusiasmus, die Autonomie über das Abenteuer, die Eleganz über die Vitalität, die Bildung über die Unschuld – und möglicherweise die Erfahrung des Bekannten und des Vertrauten über die des Neuen.

Es ist noch nicht zu spät, um die Trivialisierung der Sexualität und die Abschaffung des Jugendkultes auf die Agenda einer humanen Zivilisation zu setzen. Zugleich bin ich jedoch überzeugt, dass wir diese Gelegenheit verpasst haben. Zumindest gehe ich davon aus, dass ich selbst davon nicht mehr profitieren werde. Wenn man diese Dinge kritisch anspricht, zielt diese Kritik zugleich auf das Herz eines bestimmten Systems. Wenn man zum Beispiel freiwillig auf die Genüsse der Sexualität oder die Überlegenheit der Jugend verzichtet, so spürt man nur allzu bald, dass man in Gefahr steht zu verhungern. Doch auch wenn ich mich selbst oder meine Kinder nicht mehr retten kann, kann ich vielleicht möglicherweise immer noch meinen Enkeln einen Dienst erweisen. Die einzige Hoffnung besteht wohl darin, dass wir uns in all unserer Einfältigkeit Entbehrungen auferlegen, dass wir eine Barrikade errichten und uns dahinter verschanzen, damit wir gar nicht erst mit unserer eigenen Gegenwart in Kontakt kommen, eine Epoche, die beim Namen zu nennen und anzuprangern wir erst noch lernen müssen.

Doch lasst uns wenigstens für zukünftige Generationen das Bekenntnis ablegen, dass wir Trottel waren! Lasst uns die Züge unserer Epoche klar herausarbeiten, damit sie als ein geschlossenes Ganzes erscheint und die Zukunft weiß, was sie da überwunden hat. Wir sollten unser Testament aufsetzen und eingestehen, dass wir in einer frühen Phase der Befreiung gelebt haben, die einem Zeitalter des erleuchteten Erwachsenseins Platz machen muss! Lasst uns die Erwachsenen wiederentdecken! Die kleinen Falten um unsere Augen herum sind Spuren des Lachens und der Fröhlichkeit! Lernt, das üppige Fleisch und die eleganten Kleider der Erwachsenen zu schätzen, die Ehrfurcht gebietenden Bestände an *Weisheit* und an *Erfahrung*. Erkennt, dass wir uns von Alter und Vollendung nähren sollten, nicht von der Leere des Neuen. Lassen wir schließlich, mit einer Haltung verfeinerter und verdorbener Sexualität – und ohne die Unschuld der Jugend und die falschen Wahrheiten der Schamesröte – unsere verbliebenen Energien in den Verkehr der Alten mit den Alten fließen. Geben wir einer besseren Zeit ein Vorbild. Mitbürger, nehmt die Herausforderung an – in einer Haltung überlegener Dekadenz, umgeben von der Dunkelheit des Alters, das Licht der Jugend scheuend: Nehmt die Herausforderung an! Moderne, noch eine letzte An-strengung, wenn wir wirklich Befreier sein wollen.

SANTA CRUZ

In kaum einer anderen Stadt hat so viel von der kalifornischen Hippie-Romantik überlebt wie in Santa Cruz. Zurückgezogen an den Rand des Kontinents, sind dort ruhmreiche Absichten konserviert.

Natürlich versucht jene Kultur, die längst das ganze Land beherrscht, auch diese Festung zu erobern. Die großen Einzelhandelsketten haben ihre Eier auf dem Algenteppich der Main Street abgelegt. Vor gut zehn Jahren schlüpfte aus dem ersten und größten dieser Eier ein riesiges Buch-Kaufhaus. Gegen diesen Laden gab es dann jahrelang Proteste. Noch bevor das Gebäude fertiggestellt war, standen dort zum ersten Mal Streikposten, es ging um einen Arbeitskampf. Als dieser beigelegt war, blieben sie einfach dort, um gegen alles andere zu demonstrieren. Seine Sterilität. Seine Leblosigkeit. Seine erdrückende Hässlichkeit, der man nicht ausweichen kann, wenn man, von Osten kommend, auf den Sonnenuntergang zufährt.

Eine Freundin, die lange in Santa Cruz lebte, berichtete mir von den endlosen Demonstrationen. Eines Nachmittags erwarteten protestierende Clowns die Menschen, die zum Einkaufen in die Stadt kamen. Zornige Clowns. Sie hatten rote Nasen auf, trugen gestreifte Kostüme aus Seide und waren dick geschminkt. Während sie mit ihren Schildern im Kreis marschierten, rauchten sie Zigaretten. An eines der Schilder erinnert sich meine Freundin besonders gut: »Findet ihr das etwa witzig?«

Santa Cruz war allerdings vor allem deshalb ein wütender Ort, weil die Stadt die Verantwortung für die Verteidigung der fröhlichen Freiheiten einer ganzen Nation trug. An einer Bushaltestelle an der wichtigsten Zufahrtsstraße stand jeden Tag, solange es hell war, der Tanzende Mann. Seine Bewegungen folgten keinem erkennbaren Muster. Dennoch war offenkundig, dass er selbst einen Ablauf im Kopf hatte. Er hüpfte auf und ab, dann beugte er sich vor und wieder zurück, drehte sich um die eigene Achse, anschließend bewegte er seine Arme wie die Flügel einer Windmühle, er winkte und ahmte Schwimmbewegungen nach.

Oft hielten College-Studenten auf ihrem Weg zum Taco-Stand an, um ihm zuzusehen.

»Er muss eben so lange üben, bis er die ganze Nummer einmal fertig getanzt hat«, berichteten sie dann. »Er erarbeitet sich da, na ja, irgend so eine Sache.«

Als die Studenten eines Augusts aus den Sommerferien zurückkehrten, trug der Tanzende Mann plötzlich Shorts, vermutlich wegen der Hitze. Er machte einen leicht beunruhigten Eindruck. Neben ihm, nur einige Meter entfernt, stand nun ein zweiter, jüngerer Typ, der sich ebenfalls hin und her, vor und zurück bewegte, winkte und Sprünge vollführte. Zunächst vermuteten sie, die beiden würden um die Straßenecke kämpfen.

»Nein, nein«, erklärten diejenigen, die den Sommer in der Stadt verbracht hatten, um zu surfen oder zu arbeiten. »Das ist sein Schüler. Der Tanzende Mann bringt dem Neuen seinen Tanz bei.«

Meine Freundin zog weg. Als sie Jahre später zurückkam, war der Tanzende Mann verschwunden. Sie war verwirrt, als sie feststellte, dass sie erwartet hatte, er würde immer an dieser Stelle zu finden sein; es überraschte sie, wie traurig sie darüber war. Der Tanzende Mann hatte für sie etwas Bedeutendes verkörpert, etwas, das sie nicht wirklich in Worte fassen konnte. Es hatte wohl mit den fransigen Rändern des offiziellen Amerika zu tun, dessen Saum man immer noch gerne berührt. Mit den filigranen Fäden, von denen die gewöhnlichen Träume durchwirkt sind. Sie hielt sich nicht für sonderlich patriotisch, in keinerlei Hinsicht. Sie salutierte nicht vor der Flagge. Aber es machte sie traurig.

Sie sah sich in der Stadt um, vielleicht würde sie ja jemanden finden, der wüsste, was passiert war. In der Nähe des Bauernmarkts traf sie einen alten Freund, der dort auf dem Bordstein saß, wahrscheinlich auf einem LSD-Trip. Er erinnerte sich nicht an ihren Namen, nannte sie Betsy. Doch als sie den Tanzenden Mann erwähnte, erwachte sein Gesicht zum Leben. »Ich hab' ihn nie wiedergesehen, Betsy. Man hört allerdings die tollsten Geschichten … Dass er der Sohn eines Milliardärs war, zum Beispiel, und dass irgendwann eine Limousine vorgefahren ist und ihn mitgenommen hat. Vielleicht war er auch einfach ein Irrer? Glaub' doch, was du willst. Aber ich sage, dass er einfach nur seinen Tanz vollendet hatte.«

Die Realität des Reality-TV

Es gibt diesen uralten Traum von einem Fernsehen, das sehr viel mehr sein könnte, als es ist. Von einem Fernsehen, das, anstatt sich einfach nur einzunisten in unseren Wohnzimmern, eine Verbindung darstellt, über die sich aus ebendiesen Wohnzimmern zugreifen lässt auf ein Leben, das wir alle miteinander teilen.

1992 wäre diese Fernsehutopie beinahe in Reichweite geraten – an jenem Tag, an dem die US-amerikanischen Kabelfernsehanbieter verkündeten, dass sie ihr Angebot in Zukunft auf fünfhundert Kanäle ausweiten würden. Unsere utopischen Vorstellungen basierten damals sowohl auf richtigen als auch auf falschen Annahmen. Wir gingen davon aus, dass die großen Sender oder gar Senderfamilien es sich gar nicht würden leisten können, Programme für so viele Kanäle zu entwickeln und zu produzieren. Damit lagen wir richtig. Außerdem dachten wir, dass Gebührenzahler und Abonnenten sich fünfhundert Kanäle voll mit den ewig gleichen Belanglosigkeiten, mit Wiederholungen von Sendungen, die schon woanders gelaufen waren, mit ausgetauschten und mehrfachverwendeten Programmen, Infomercials, Home-Shopping-Sendungen und zum x-ten Mal gezeigten Filmen nicht würden bieten lassen. Damit lagen wir falsch.

Wir waren sicher, dass eine solche Fülle an Kanälen den ein oder anderen Sender des reinsten und vollkommensten Glücks entstehen lassen und uns all die tröstlichen Dinge direkt nach Hause liefern würde, nach denen wir uns immer gesehnt hatten: den 24-Stunden-Welpen-Kanal, den Himmelskanal, den Meereskanal, den Babykanal – Kanäle, die nichts anderes als ausgelassen herumtollende Welpen zeigen würden, friedliche Himmel, stürmische Meere und großköpfige Babys. Derlei ist nie geschehen. Und doch ist das Kabelfernsehen im Namen der kleinen Freuden zerstückelt worden: um auf dem Food-Network, dem InStyle-Network und auf Home and Garden Television (HGTV) für sehr viel utilitaristischere Interessen werben zu können. (Die Erhabenheit der Natur hat sich im Kabelfernsehen nur im Rahmen gottesfürchtiger Diashows auf den christlichen Kanälen durchgesetzt, wo Bilder aus dem Yosemite Nationalpark mit Stellen aus dem Ersten Korintherbrief untertitelt werden.)

Die wirkmächtige Geschichte der Technologie erweist sich als die Geschichte ihrer lediglich fantasierten Anwendungen sowie als Geschichte all jener Formen, die sie dann tatsächlich annimmt. Letztlich beruhten all unsere Kabelträume auf einer wunderschönen Idee: der Vorstellung von einer Sendung, in der es um nichts als um unser eigenes Leben geht, einer Sendung, an der wir selbst mitwirken können. Bei einer solch aberwitzigen Anzahl von Kanälen würde den Firmen doch eigentlich gar nichts anderes übrig bleiben, als einen Teil des Programms an uns, an die Zuschauer abzugeben – oder etwa nicht? Und wir vielen Millionen würden in das entstandene inhaltliche Vakuum hineinströmen. So gewiss wie jene Welpen, der Ozean und der Himmel würden auf den Kanälen 401 bis 499 auch wir unserer Natur ihren Platz im Fernsehen sichern: heiratend, streitend, an die Wand starrend, zu Abend essend, unsere Füße ansehend, Wettbewerbe abhaltend, singend, niesend. Hunderttausende von uns hatten bereits damals Kameras. Wir würden sie einstöpseln und das Band laufen lassen – um unser wirkliches, reales Leben aufzuzeichnen.

Was diesen ewigen Traum angeht, haben wir weder gänzlich falsch noch völlig richtig geträumt. Das utopische Versprechen der fünfhundert Kanäle landete im Papierkorb. Die Techno-Utopisten verlagerten ihre Fantasien auf das Internet. So viel ist sicher: Das Kabelfernsehen hat uns rein gar nichts gebracht, was auch nur annähernd dem Paradies gleichkäme, auf das wir gehofft hatten. Bekommen haben wir stattdessen Reality-TV.

Jede Beurteilung des Reality-TV ist zunächst einmal abhängig von dem Begriff, den wir uns vom Fernsehen machen; und außerdem von unserer Vorstellung von einer politischen Gemeinschaft.

Und hier bekommen wir es gleich mit einer weitverbreiteten Fehleinschätzung zu tun: Da die edelsten Formen des künstlerischen Strebens fiktionaler Art sind (der Roman, der Film, die Malerei, Theaterstücke), sollte man doch eigentlich annehmen, dass die Genres der fiktionalen Unterhaltung, die Sitcom und die einstündige Fernsehserie die wichtigsten, die ureigenen Produkte des Fernsehens darstellen. Ich glaube, das ist falsch – und zwar aus einer ganzen Reihe von Gründen. Den fiktionalen Gattungen kommt im Rahmen eines kommerziellen Mediums, dessen »Programm« mit der Zeit zu jenem Speck geworden ist, mit dem man die besten Happen vom Steak umwickelt – die neunzigsekündigen Werbeclips –, eine ganz andere Bedeutung zu. Fiction meint etwas ganz anderes im Rahmen eines Mediums, das wir einschalten, nur um mal zu sehen, »was gerade im Fernsehen läuft«, und nicht unbedingt, weil wir nach einem bestimmten

Einzelwerk suchen; wenn man also vor allem vorhat, einfach nur so fernzusehen und nicht etwa eine ganz bestimmte Serie zu schauen und danach den Fernseher abzuschalten.

Seit seinen Anfängen in den frühen fünfziger Jahren wirft man dem Fernsehen vor, einen bereits ausgeprägten Individualismus weiter anzuspornen, die Konsumenten immer noch mehr zum Narren zu halten, Passivität und Stubenhockerei zu befördern und die sensationslüsterne Brot-und-Spiele-Masche einer tyrannischen Massenkultur zu komplettieren. Das wären die wichtigsten Kritikpunkte, glaube ich. Wann immer jedoch die zahllosen Fernsehgegner und Nörgler versucht haben, die im Innern der Idiotenkiste flimmernden Jämmerlichkeiten zu kategorisieren, begannen sie bald darauf, einige eher marginale Formate (anspruchsvolle Fernsehspiele zum Beispiel), die ihnen akzeptabel erschienen, in Schutz zu nehmen, während sie über wirklich Besonderes und sehr viel Wichtigeres, das ihren Visionen nicht entsprach, auch weiterhin spotteten (Spielshows, Lokalnachrichten und heutzutage Reality-TV).

Wenn wir uns allerdings dem eigentlich interessanten Problem zuwenden wollen, dann *sollten* wir uns auf die dramatischen Genres konzentrieren, also auf Fernsehfilme und Serien. Skepsis gegenüber der Tendenz, dem Theater und den Erzählungen breiteren Raum in einer Republik einzuräumen, hat im Westen eine lange Tradition. In ihrer modernen Variante wurde diese Skepsis zwanzig Jahre vor der Amerikanischen Revolution formuliert. In seinem *Brief an D'Alembert über das Schauspiel* betont Rousseau, eine Republik (in seinem Fall das Genf der Zeit um 1758) handele richtig, wenn sie das Theater aus dem öffentlichen Leben heraushalte. Für Rousseau ist eine Republik eine politische Gemeinschaft, in der alle Personen gleich sind und souverän, was also auch in unserer Gegenwart der Fall sein sollte, in der amerikanischen Republik. Für sich alleine ist der Bürger allerdings nicht souverän, er wird dies erst und ausschließlich, wenn er an einer Gemeinschaft der Gleichen teilnimmt. Würde man dem Theater in dieser Situation zu viel Macht einräumen, bestünde die Gefahr, dass die wahrhaften, einer republikanischen Gemeinschaft entsprechenden Formen der Unterhaltung an den Rand gedrängt würden. Letztere wiederum müssen in der Selbstachtung und der freien Betätigung des Urteilsvermögens im Alltag verankert sein, in Faktoren also, welche die Bindungen zwischen den Bürgern stärken. (Man muss sich dabei in Erinnerung rufen, wie sehr Rousseau das Theater im Paris des Ancien Régime liebte: »Die Wahrheit ist, daß Racine mich bezaubert und daß ich niemals freiwillig eine Aufführung eines Stückes von Molière versäumt habe.«[1] In der ohnehin vollkommen verdorbenen politischen Ordnung des Feudalismus bzw. Absolutismus konnte das Theater also keinen großen Schaden mehr anrichten, es konnte allenfalls Verbesserungen herbeiführen. Der Philosoph strebte jedoch eine Republik an, da er diese Staatsform entschieden bevorzugte.)

Rousseau ging davon aus, dass in einer wahrhaften Republik Vorführungen der alltäglichen Aktivitäten der Bürger für Unterhaltung sorgen würden: Sie würden singen,

---

1 *Brief an D'Alembert über das Schauspiel*, in: Jean-Jacques Rousseau: *Schriften*, Band 1, herausgegeben von Henning Ritter, München: Carl Hanser Verlag 1978, S. 333–474, S. 468.

Gebäude errichten, basteln, tanzen oder ihre Schönheit und Athletik zur Schau stellen. Diese Aufführungen würden den Zuschauern Vergnügen bereiten und sie »unterhalten«, weil die Bürger nicht nur selbst etwas leisteten, sondern weil sie sich dabei zusahen – sie wurden zu einem Schauspiel für sich selbst, aber auch für alle anderen, für ihresgleichen, für ihre Mitbürger, die wiederum exakt die gleichen Sachen machten. Wahrhaft republikanische Belustigungen würden also oft die Form eines Wettbewerbs oder der Vorführung bestimmter Fähigkeiten annehmen. Sie könnten aber auch zu einer besonderen »Feier« des alltäglichen Lebens selbst werden – zum »Fest«: »Pflanzt in der Mitte eines Platzes einen mit Blumen bekränzten Baum auf, versammelt dort das Volk, und ihr werdet ein Fest haben. Oder noch besser: Stellt die Zuschauer zur Schau, macht sie selbst zu Darstellern, sorgt dafür, daß ein jeder sich im andern erkennt und liebt, daß alle besser miteinander verbunden sind.«[2]

»[S]tellt die Zuschauer zur Schau«: Eigentlich hat man genau das in einem bestimmten Teilbereich des Fernsehens von jeher gemacht. In unterschiedlichen historischen Phasen kam das jeweils in anderen Formaten zum Ausdruck. Man denke beispielsweise an: lokale Sender mit eigenem Programm, den *Huntley-Brinkley Report*, die überregionalen 18-Uhr-Nachrichten oder die 23-Uhr-Lokalnachrichten, an Talkshows und Talentshows, an *This Is Your Life* oder *Wheel of Fortune*, eine Show, mit der man außerdem auf Tour ging – nach Florida, Hawaii oder Las Vegas.

Akzeptiert man jedoch, dass die wichtigste Funktion

2 Ebd., S. 462 f.

des Fernsehens wohl schon immer darin bestand, es den Bürgern zu ermöglichen, sich in unserem einzigen wirklich nationalen Medium gegenseitig zu *sehen* und zugleich auch – vermittelt durch so etwas wie unsere persönlichen Repräsentanten – *gesehen zu werden*, dann bleibt einem nichts anderes übrig, als sich zu fragen, wer oder was dergleichen in der Gegenwart am ehesten leisten kann. Das Reality-TV mag so etwas darstellen wie die düstere Apotheose des rousseauischen Ideals – doch es ist das Format einer Zeit, in der das Lokalfernsehen zu Tode gespart wurde; in der man von regionalen Unterschieden sagt, sie nähmen ab (oder würden zumindest sehr viel seltener offenbar); in der die Nachrichtensendungen immer häufiger im Dienst der Anzeigenabteilungen stehen, weshalb sie ihre Autorität verwirkt haben, wo es darum geht, das Gemeinwesen zu repräsentieren.

*

Wir brauchen Mythen. Und das gilt nicht nur in Bezug auf unsere Ideale und unseren Durchschnitt, sondern auch in Bezug auf unsere gefallenen Extreme. Seitdem in den USA in den siebziger Jahren rechtliche Regelungen zum sogenannten »informed consent« (also zur Aufklärung bzw. zu den Anforderungen, die erfüllt sein müssen, wenn ein Patient, Proband, Studienteilnehmer usw. freiwillig an einer Studie oder an einem Experiment teilnimmt; Anmerkung des Übersetzers) verabschiedet wurden, ist das Goldene Zeitalter der Sozialpsychologie vorüber. Vorbei die Zeit, in der Stanley Milram zeigte, dass Durchschnittsbürger die Voltzahlen der Stromstöße unter den Schreien gefolterter Schauspieler in den roten Bereich treiben, solange ein Versuchsleiter im Labormantel entsprechende Anweisungen gibt. Vorbei die Zeit der Studien eines Philip Zimbardo, der zeigte, dass Stanford-Studenten in der Rolle von Gefängniswärtern bereit sind, Kommilitonen in der Rolle von Gefangenen sadistisch zu quälen, wenn man sie willkürlich in zwei Gruppen aufteilt, im Keller einsperrt und mit den notwendigen Gerätschaften alleine lässt. Vorbei auch die Zeit, als Harold Garfinkel demonstrierte, dass Menschen zu Berserkern werden können, wenn man sie im Aufzug anstarrt oder wenn Kinder so tun, als würden sie die eigenen Eltern nicht mehr erkennen. In solchen Angelegenheiten sind wir heute auf Formate wie *Elimidate*, *Punk'd* oder *Survivor* angewiesen. Reality-TV zu kucken ist insofern so ähnlich, als ginge man durch einen sehr langen Flur in einem gewissenlosen und zugleich auf merkwürdige Weise geschäftigen Psychologie-Institut.

Der erste Idealtypus der Reality-TV-Formate ist die Show des reinen Ereignisses. *Cops* stellt dabei das eine Ende des Spektrums dar, die billigen Dating-Shows (*Blind Date*, *Elimidate*, *The 5th Wheel*, *Xtreme Dating*) das andere. Man erkennt in beiden Fällen bestimmte Muster, der aufmerksame Betrachter hat den Eindruck, er habe es mit einer Abfolge strukturell ähnlicher, einmaliger Begegnungen zu tun. Man sieht endlos immer wieder dieselben Szenen: Verhaftungen, Verkehrskontrollen, Warnungen, die im Vorbeifahren ausgesprochen werden (»Okay, so was machste aber nicht noch ma!«), häusliche Zwischenfälle aller Art sowie Gespräche mit Menschen, die sich beschwert haben (»Beruhigen Sie sich, gnädige Frau! Erzählen Sie mir einfach, was passiert ist.«). Man lernt dabei, dass Gerechtigkeit, zumindest auf der Ebene einer konkreten Verhaftung, viel weniger mit dem Gesetzbuch zu tun hat, als man annehmen würde. In Duellen zwischen Cops und Zivilisten entscheidet allein die Persönlichkeit. Jedes einzelne Wort ist ein Schritt im Rahmen einer Verhandlung. Die Werkzeuge beider Seiten – sowohl die geschwätzigen und vagen Ausflüchte des Verdächtigen, der sich aus der Affäre ziehen will, als auch die Pseudo-Autorität und die mangelnde Informiertheit des Polizisten – wirken willkürlich und vollkommen verworren. Und so macht sich unser kriminelles Selbst Notizen: »Lass niemals freiwillig eine Leibesvisite über dich ergehen!« Doch schon bald muss man sich eingestehen, dass man sich an all das, was man bei *Cops* gelernt hat, gar nicht erinnern würde, wenn man selbst in eine vergleichbare Situation geriete. Höflichkeit und Hektik würden die Oberhand gewinnen. Im unmittelbaren Konflikt zweier Menschen, die einander – ob nun vor lauter Angst wie betäubt oder gar von Drogen benebelt – in die Augen blicken, die interagieren und irgendeine Lösung aushandeln wollen, lernen wir, wie unsere Mitbürger sich in Situationen verhalten, die wir im wirklichen Leben möglicherweise nie mitbekommen würden.

Die Leute wiederum, die sich in Sendungen wie *Blind Date*, *Xtreme Dating* oder *5th Wheel* zunächst vorsichtig über einem Teller Pasta oder sturzbetrunken in einer dieser ununterscheidbaren Neonspelunken beäugen, bevor sie sich – zumindest bei den unterhaltsamsten dieser Dates – in Whirlpools vulgäre Schmeicheleien zunuscheln, führen uns vor Augen, dass das Erlebnis der Liebe weder mit einem engelsgleichen Moment des Erkennens noch mit animalischer Lust zu tun hat, sondern Verhandlungssache ist – genau wie die Verhaftungen bei *Cops*. Im Abendprogramm werden das Blind Date und die Verkehrskontrolle zu den zwei paradigmatischen Begegnungen, die sich in Amerika zwischen Fremden ereignen. Das homogene, offizielle Amerika wird so vom bizarren Amerika widerlegt. Auf eine Art ist es auch durchaus beruhigend, bei dieser Offenheit und diesen Fummeleien zusehen zu dürfen. Endlich hat man mal die Gelegenheit, in Ruhe und ohne jede vermittelnde Dramatisierung jene Landschaft der immer gleichen Sonnenstudios, Restaurants und Aikido-Läden zu betrachten, die unser Land überziehen. Man hört die immer noch unterschiedlichen Dialekte, sieht aber zugleich jene unter dem Einfluss des Fernsehens universalisierten Verhaltensformen; die Verlegenheit zum Beispiel, wenn man nicht weiß, was man sagen und welche Seite der eigenen Persönlichkeit man hervorkehren soll. Die Sendungen sind so etwas wie ein maßstabsverkleinertes Modell unserer Gesellschaft, eine Art Fernseh-Arche, in die zwei Repräsentanten aller sozialen Gruppierungen, Milieus oder Professionen aufgenommen wurden.

Obwohl also nachweislich alle Frauen nach jemandem mit »Sinn für Humor« suchen, und auch wenn alle Männer eine Partnerin wollen, mit der sie »Spaß haben können«, obwohl alle guten Mädchen sagen, sie seien »verrucht«, und alle braven Jungs eingestehen, sie seien eigentlich »Casanovas«, hat das doch einen recht fragwürdigen Effekt auf die gnadenlos zum Scheitern verurteilten Versuche der Individuen, Trends und Verhaltensweisen zu imitieren, die ihnen das Fernsehen beigebracht hat und die das repräsentieren sollen, was da draußen im Moment wirklich abgeht. Zwischen Bescheidenheit und Angeberei hin und her zu schnellen wie ein Jo-Jo (»Ich bin ein ziemlich schlimmes Mädchen. Ich meine, ich bin meistens ziemlich schlecht im Bett.«); offen über Penisgrößen und Brustvergrößerungen zu sprechen; dabei komplett unterschiedliche Meinungen zu vertreten, wenn es um die Frage geht, ob ein Kuss beim ersten Date moralisch vertretbar sei; die eigene schüchterne Unbeholfenheit hinter pornografischen Wunschvorstellungen zu verstecken (»Hast du schon einmal einen flotten Dreier gehabt?« – »Nein, das ist mehr so was wie ein Ziel von mir.«) – genau das ist, die Kameras beweisen es, in Amerika der Stand der Dinge in Sachen (Selbst-)Darstellung. Im Fernsehen versuchen alle, jemand anderes zu spielen, doch dabei fühlen sie zugleich weiterhin die Fesseln des Prosaischen, des Ungenügenden, ja der ganz banalen Höflichkeit, so dass Konformität zum Chaos gerät und Imitation zur Idiosynkrasie.

*

»Voyeurismus« war noch nie das richtige Wort dafür, was es bedeutet, sich diese Shows anzusehen. Man identifiziert sich ein Stück weit mit den Teilnehmern und empfindet in der jeweiligen Situation sogar so etwas wie Anteilnahme. »Wie würde es mir wohl ergehen, wenn ich von der Polizei angehalten oder bei einem Blind Date verkuppelt würde?« Vor allem – und das ist der wesentlich wichtigere Punkt, den es in Bezug auf das Reality-TV hervorzuheben gilt – haben wir es dabei immer mit Urteilen zu tun. Wir werden nie wissen, was unsere Landsleute tun, solange wir ihnen nicht bei ihren Handlungen zukucken können. Doch sobald wir sie gesehen haben, werden wir sie beurteilen und nacherzählen. In dieser Hinsicht ist das Reality-TV eng verwandt mit der Fernsehhalbwelt inszenierter Gerichtssendungen wie *The People's Court*, *Di-*

vorce Court, *Judge Hatchett* und *Judge Judy*. Anspruchsvolle Kritiker hassen auch diese Shows, zumindest behaupten sie es. Ich glaube, das ist ein Fehler. Die ganzen Reality-TV-Formate – sowie ein sehr großer Teil dessen, was tagsüber im Fernsehen läuft – bieten uns über alle Klassengrenzen hinweg einen Einblick in die Realität, weil sie es uns ermöglichen, unser Urteilsvermögen zu erproben und zu schärfen. Die »Freunde« in *Friends* waren eine ideologische Gruppierung, sie machten in einer Sitcom über Geschwisterliebe Propaganda für die öde Klasse der Reichen. Die Serie sah nicht vor, dass sie sich für ihre Idiotien rechtfertigen mussten, geschweige denn, dass diesen Freunden einmal interessante Detailfragen gestellt wurden: Woher kommt eigentlich das Geld für eure Miete oder eure Friseurrechnungen? Wie würden sie sich wohl in der wirklichen Welt »dort draußen« verhalten? Wenn Judge Judy doch nur ein einziges Mal über die *Friends* zu Gericht säße! Wenn die *Cops* doch nur ein einziges Mal ihre Tür eintreten und sie an die Wand pressen würden! »Monica, du saublödes abgemagertes Schreckgespenst, iss gefälligst mal ein Sandwich!« – »Ross, du aufgeblasener Paläontologe, lies ein Buch! *Du Leichenhallenwiderling*!« Im Ernst: Die Gerichtssendungen haben auch etwas mit Rachsucht zu tun: Sie versammeln all jene linkischen, schummelnden, ausweichenden, selbstzentrierten Menschen, denen man auch im Alltag über den Weg läuft, und führen sie als Angeklagte in den Gerichtssaal, um sie dort, da auf ihre Dummheit und Eitelkeit nun einmal Verlass ist, mal so richtig anzuschreien.

Das ist die eine Möglichkeit, mit seinen Mitbürgern ins Reine zu kommen. Viele Reality-TV-Shows vermitteln jedoch eine relativ große Offenheit, was das Urteilen betrifft (obwohl das Beurteilen selbst hier die einzige Konstante darstellt), und das hat auch mit einer Art von situativer Identität zwischen dem Betrachter und den Objekten vor der Kamera zu tun. (Fast jeder von uns hatte schon einmal ein Date, so gut wie alle, ob reich oder arm, haben beim Autofahren Angst vor der Polizei und rufen bei der nächsten Wache an, wenn sie sich bedroht fühlen.) Im Reality-TV werden immer Urteile über ein »anderes Ich« gefällt, ganz egal, wie viel Recht man hat, seine schwachköpfigen Mitbürger zurechtzuweisen und zu verhöhnen. Heutzutage lässt sich auf jeder Ebene unserer Gesellschaft eine regelrechte Gier feststellen, unablässig irgendetwas zu beurteilen. Das Resultat sind oft Urteile im Schnellverfahren, bei denen es nicht um den Wunsch nach Wahrheit geht, sondern um eine brutale Spielart des Dezisionismus, bei dem man am Ende lieber falschläge, als dass man sich einer Wertung enthielte. Hier kommt nicht der Wille zum Ausdruck, etwas sorgfältig abzuwägen, vielmehr soll einfach überhaupt irgendein Urteil gefällt werden. Im Bereich der Politik hat genau diese Mentalität die Katastrophen der jüngeren Vergangenheit und Gegenwart geprägt. Ihre weicheren, kulturellen Wirkungen sehen wir hingegen in den therapeutischen Talkshows. Man denke nur an das Geschniefe und die mütterliche Nasenputzerei in Sendungen wie *Dr. Phil*, in denen die Experten niemals an einen Punkt kommen, an dem selbst sie nicht mehr weiterwissen. Unter keinen Umständen würde so ein Experte sagen: »Nein, Ihre Situation ist viel zu verfahren, als dass ich Ihnen noch irgendetwas raten könnte. Ich habe ganz ähnliche Probleme, also schalten Sie gefälligst Ihren eigenen Kopf ein.« Das richtig billige und rohe Reality-TV hingegen bietet uns die Gelegenheit, über Menschen zu urteilen, die genau so sind wie wir selbst, über Menschen, die exakt dasselbe tun wie wir. Ja, es ist billig, es ist amoralisch, es tut nicht einmal so, als ginge es um irgendwelche höheren Werte, es wird stark zensiert, es handelt sich um ein mit Schuld behaftetes Vergnügen – und doch kann es lehrreicher, wahrhaftiger und amerikanischer sein als fast alles, was wir sonst zu sehen bekommen. Es passt insofern nur allzu gut zu unserer großartigen Republik.

*

Zumindest war das der Fall, bis wir feststellten, was die reichen Sendernetzwerke aus Reality-TV machen konnten. Sie stürzten sich darauf wie Dinosaurier in einen Binnensee und machten ganz schön Wellen. Dank ihrer größeren Budgets und weil sie an die Stelle isolierter Begegnungen ein kontinuierliches Serienkonzept setzten, schufen sie den zweiten Idealtypus der gefilmten Wirklichkeit: die Shows, in deren Mittelpunkt eine Gruppe als Mikrokosmos steht.

Diese Mikrokosmos-Shows waren Unterfangen in einem wesentlich größeren Maßstab, finanziert wurden sie von Fox, MTV, NBC, ABC, CBS oder den Warner Brothers (die anderen Reality-TV-Sendungen waren entweder billig produziert und dann über Sendefrequenzen mit niedriger Reichweite bzw. im Rahmen des Programmaustauschs finanziell schlecht ausgestatteten Kabelsendern vorgesetzt worden; *Cops* wiederum ist ein Relikt aus der Aufbauphase von Fox und wurde dann beibehalten). Die MTV-Sendung *The Real World*, für die man eine Gruppe von Teenagern zusammen mit einigen Kameras in ein Haus steckte, stellt das früheste und noch am wenigsten ausgereifte Beispiel dar. Der Name *Real World* beinhaltete eine doppelte Pointe: Zum einen sah man Nicht-Schauspielern bei ihren alltäglichen Interaktionen zu (was zunächst ziemlich faszinierend war); zum anderen war die Teilnahme an der Sendung für viele der Kids ihr erster Ausflug in die wirkliche Welt außerhalb ihrer Familie (was spätestens nach dem x-ten, von Heimweh motivierten Anruf langweilig wurde). MTV hatte sich zum Ziel gesetzt, eine »Generation« zu erfinden, nicht eine Gesellschaft, denn MTV ist schließlich der aggressivste Verfechter eines Konzepts von Jugend, die ganz pauschal das Erwachsenenleben insgesamt ersetzen soll.

In der Folgezeit verwandelten die großen Sendernetzwerke die frühen, ereignisbasierten Dating-Shows in großangelegte Serien, in deren Verlauf von ursprünglich dreißig Verehrerinnen oder Verehrern so lange eine oder einer abgewählt wurden, bis nur noch die auserwählte Braut oder der auserwählte Bräutigam übrig war. Mit *Big Brother* wurde auch aus der Mikrokosmos-Show über eine Gruppe ein Wettbewerb. Einen noch dramatischeren Triumph dieses Genres stellte *Survivor* dar, dem mit etwas zeitlichem Abstand *The Amazing Race* folgte. Die neuen Formate, bei denen die Fernsehleute den Mikrokosmos und den Wettbewerb mischten, griffen dabei auf ganz ähnliche Formen der gesellschaftlichen Entdeckungen zurück wie der englische Roman in seiner Frühphase: *Survivor* auf die auf einer einsamen Insel angesiedelte Robinsonade; *The Amazing Race* auf die imperialistischen Abenteuerromane und »Am Ende der Welt gibt es Drachen!«-Reiseberichte; und die sentimentalen Verführungen von *The Bachelor* erinnern an Samuel Richardsons Roman *Clarissa*: Ähnlich wie die Heldin dieses Buchs werden die willig kreischenden Kandidatinnen zu einem herrschaftlichen Anwesen chauffiert, um dort ihre Herzen in die Hände eines modernen Lovelace zu legen.

Das zentrale Motiv des Romans *Robinson Crusoe*, in dem der Held in der Isolation einer verlassenen Insel aus dem Nichts eine Gesellschaft aufbaut, spielte bei *Survivor* allerdings keine Rolle. Und bei *The Amazing Race* geht es – anders als bei Swift – nicht um die typischen Erfahrungen eines Engländers in der Fremde, um Zufallsbegegnungen, wie sie in Schelmenromanen vorkommen, oder um übertriebene Reiseberichte, wie man sie aus dem Werk Richard Hakluyts kennt. In diesen Sendungen sollte keine neue Zivilisation aufgebaut werden, im Grunde genommen waren sie nicht einmal am Reisen selbst interessiert – bei *The Amazing Race* kommen Einheimische allenfalls als verschwommene Konturen vor, die der Zuschauer durch die Fenster eines durch die Gegend rasenden Autos wahrnimmt. In diesen Shows wird ein amerikanischer Mikrokosmos als Spektakel inszeniert, eine kleine Gruppe ausgewählter Landsleute – die auch in der Fremde stets »amerikanisch« bleiben, ein wenig wie Kolonialherren agieren und die sich nie an die Kultur der jeweiligen Umgebung anpassen – vertritt als repräsentativer Querschnitt unsere Gesellschaft.

Die Sendungen brachten kontaktfreudige Amerikaner in eine Situation, in der sie auf die Interaktionen der Gruppe und auf soziale Aushandlungsprozesse zurückgeworfen waren. Sie litten keinen Hunger, es gab keine äußeren Bedrohungen. Obwohl *Survivor* offiziell als eine Art Wettkampf strukturiert war, kam es auf Talente und Begabungen nicht wirklich an; was zählte, war die Fähigkeit, »Allianzen« zu schmieden. Wir sahen Paare und

Trios, die zueinander fanden, sich wieder auflösten und neu formierten, die sich betrogen und dann plötzlich doch wieder unzertrennlich waren, und das Gezänk und die Versöhnungen waren mit Abstand das Spannendste an den beiden Formaten; gerade bei *The Amazing Race* war am Ende gar nicht klar, ob wir uns überhaupt groß dafür interessieren sollten, welches der teilnehmenden Pärchen schneller vorankam. Wie reden Amerikaner miteinander, wie organisieren sie sich und wie bewältigen sie Aufgaben in einem minimalistischen Setting, das ein wenig ans Büro und ein wenig an zu Hause erinnert und in dem es vor allem ein bisschen so zugeht wie in einer Geschworenen-Jury, die unter Ausschluss der Öffentlichkeit an einem isolierten Ort tagt? Viele Teilnehmer brachten etwas von ihrem Arbeitsalltag mit in die Sendung, und das war durchaus beabsichtigt, denn zur Identifizierung wurde nie allein ihr Name eingeblendet, sondern immer auch ihr Beruf im normalen Leben: Schauspielerin/Model, Programmierer, Feuerwehrmann. Es ist schließlich unser »Fest«. Und da wollen wir doch mal sehen, ob die Allianz zwischen dem Börsenhändler, dem Schreiner und der Schauspielerin hält. Wer wird als der »Survivor« übrig bleiben? Wer wird »überleben«? Kommt, wir schicken die Zwergin und ihre Cousine – Ach, sind die goldig! – gegen das böse Paar ins Rennen, das auf gar keinen Fall heiraten darf. Lasst uns also herausfinden, wer unsere wahren Repräsentanten sind.

Die Shows waren so angelegt, dass regelmäßig jemand von der Insel »gevoted« wurde, wodurch der Mikrokosmos sich immer weiter verkleinerte. Diese Struktur erinnerte, mit gewissen Verzerrungen, an den alten Gedanken einer Republik der – in politischer Hinsicht – Gleichen, die allerdings über unterschiedliche Begabungen verfügen. Man würde darüber beraten, wer die Interessen der Gruppe nach außen vertreten soll. Einer nach dem anderen würde erkennen, dass die anderen dafür talentierter sind, und sich zurückziehen, bis nur noch der am besten geeignete Repräsentant übrig wäre. Wenn in Amerika wirklich alle gleich wären, dann wäre dies das ideale Modell zur Vergabe von Mandaten im Stadt- oder Bezirksrat oder im Kongress: Wir würden unsere Souveränität nutzen, um unsere individuelle Souveränität zu begrenzen bzw. um sie für zwei oder vier Jahre in den Händen bestimmter Individuen zu bündeln, die dann in unserem Namen handeln. In diesem Sinne waren die Mikrokosmos-Formate so etwas wie eine politische Allegorie.

Ganz unabhängig davon waren einige dieser Sendungen jedoch von Anfang an mit einer Art Ursünde infiziert, die manchmal in den offiziellen Regeln steckte, manchmal aber auch in den informellen Instruktionen, die die Teilnehmer mit auf den Weg bekamen. Bei dieser Sünde handelte es sich um jene Bereitschaft zu tricksen und zu täuschen, die dem Machthungrigen gegenüber dem geborenen Anführer einen Vorteil verschafft. Die Teilnehmer rebellierten nicht, sie akzeptierten diesen Makel, den sie nur allzu gut von zu Hause, aus ihrem – wie es immer hieß – »richtigen Leben« kannten. »So sind eben die Spielregeln«, sagte jeder ehrgeizige Überlebende in spe mit der Resignation des Bären, der sich das Bein abkaut, das in der Falle steckt. »Man muss die Leute reinlegen, man kann nur sich selbst gegenüber loyal sein.« Sie hielten das republikanische Ideal in ihren Händen, doch sie setzten es nicht um. Es vermischte sich vielmehr mit dem ökonomischen bzw. mit dem darwinschen Modell des Wettbewerbs, in dessen Rahmen auch antirepräsentative Strategien zulässig sind, weil man den einen, unteilbaren Jackpot nur gewinnen kann, indem man alle anderen besiegt bzw. auslöscht. Auch dieser Aspekt trug für uns Amerikaner zum Realitätsgehalt der Reality-Formate bei: Wir waren uns bewusst, dass wir Zeugen wurden, wie in winzigen Republiken die Prinzipien der Wahl bzw. der kollektiven Exzellenz mit einer anderen Macht, die unser Leben zunehmend bestimmt, konkurrierten bzw. sich mit ihr vermischten.

*

Tricksereien und Machthunger sind also als Ursünden in die Mikrokosmos-Formate eingebaut. Es gibt allerdings noch einen weiteren Makel, der vor allem die Sendungen kennzeichnet, bei welchen das reine Urteilen im Mittelpunkt steht – die fixe Norm. Sie bringt den dritten Idealtyp des Reality-TV hervor: die quasi industriell produzierten Shows der großen Netzwerke.

Latent spielten solche Normen bereits bei den aufwendiger produzierten Dating-Shows eine Rolle, jenen wettbewerbsähnlich aufgezogenen Formaten, die den einzelnen Richter eingeführt hatten, auf rote Rosen, willkürliche Regeln und eine Vorstellung der romantischen Liebe setzten, die man aus den Tiefen der Köpfe hervorgeholt hatte, die im Hintergrund von Sendern wie dem Hallmark Channel die Fäden ziehen. (Wobei man natürlich nie ausschließen kann, dass es nicht doch Menschen gibt, die ihr Leben nach solch romantisch-kitschigen Vorstellungen leben.) Man kann in jedem Fall mit ziemlicher Sicherheit sagen, dass dieser dritte Typus des Reality-TV mit *American Idol* [3] die große Fernsehbühne betrat. *American Idol*

3 Die Sendung *American Idol* beruht auf demselben Konzept wie

ist die beste und zugleich die am stärksten mit Bedeutung aufgeladene Sendung aller industriell produzierten Formate, weil sie gerade auf jene Form der gemeinschaftlichen Unternehmung setzte, die Rousseau so sehr liebte: den Gesangswettbewerb, das heißt einen weitverbreiteten Cousin des Schönheits-, Tanz- oder sportlichen Wettkampfs. Wir alle singen – und sei es nur unter der Dusche. Der Umstand, dass wir auch Bilder von den Darbietungen der schlechtesten Kandidaten zu sehen bekamen, unterstrich noch einmal, dass dieser Wettkampf *wirklich* uns allen offenstand, dass auch das Trällern im Badezimmer zu jenem Pool gehörte, aus dem schließlich das amerikanische Idol gekürt werden würde. Außerdem machte die Sendung ganz »Amerika« zum Kampfrichter, da ab dem Halbfinale die Zuschauer mit über den Ausgang abstimmten. In den früheren Runden entschieden allerdings professionelle Juroren, und die Jury versammelte eine Reihe von Persönlichkeiten, die Allegorien bestimmter Typen von Kampfrichtern darstellten. Der englische Musikproduzent Simon Cowell gab den gestrengen Richter, er verkörperte sozusagen König Georg III. (während dessen Regentschaft die USA ihre Unabhängigkeit erlangten; Anm. d. Ü.); Paula Abdul war so etwas wie die universelle sexy Mutter und übernahm damit die Rolle von Betsy Ross (die der Legende nach die erste amerikanische Fahne genäht haben soll; Anm. d. Ü.); und Randy Jackson aus der Jackson-Familie hielt den Geist der ethnischen und

Deutschland sucht den Superstar. Beide Formate gehen auf die britische Sendung *Pop Idol* zurück, die von Simon Fuller, der unter anderem die Spice Girls produzierte, entwickelt wurde und 2001 auf Sendung ging. Die nationalen Ableger ähneln sich bis in die Gestaltung der jeweiligen Logos hinein (Anm. d. Ü.).

kulturellen Vielfalt hoch. Wir hatten es also mit einer Allegorie der amerikanischen Unabhängigkeitsbewegung zu tun: Amerika würde von der Weisheit des englischen Königs lernen, seine Tyrannei überwinden, der eigenen Vielfalt die Ehre erweisen und schließlich die neu erworbene Unabhängigkeit nutzen, um selbstständig eine Entscheidung zu treffen – mit der die ohnmächtige englische Produktionsfirma, die die Platten des Siegers zu verkaufen hatte, dann würde leben müssen. Armer Georg III.! Die eigentliche Lektion war eine andere: Im Gegensatz zu Gesangswettbewerben auf der Highschool ging es den Plattenfirmen nicht einfach (oder nicht länger) darum, ob jemand singen konnte oder nicht. Aus ihrer Sicht kam es vielmehr darauf an, ob die Kandidaten den Anforderungen der Musikindustrie gewachsen und formbar genug waren, um sich an die Normen des Geschäfts anzupassen. Der Zauberer von Oz stand plötzlich ohne Kleider da, und die Öffentlichkeit bekam die Gelegenheit, seine Werkstatt genauer unter die Lupe zu nehmen und selbst darüber abzustimmen, welcher Knopf gedrückt und welcher Schalter umgelegt werden sollte. Dabei stellte sich heraus, dass es genauso viel Spaß machte, einen Gewinner zu küren, der schlicht den Normen des Marketings entsprach, als individuelles Talent zu bewerten. Immerhin durften wir die Entscheidung treffen, und der Sieger war nach wie vor unser Idol. Ein Idol der kommerziellen Musikwirtschaft zwar, aber trotz alledem unser amerikanisches Idol, das uns alle repräsentieren sollte.

In den erfolgreichsten neuen Formaten der letzten Jahre wurden dann (zumindest vorgeblich) die Normen weiterer Branchen vermittelt. *The Apprentice*, eine Sendung, in der die Kandidaten Fähigkeiten erlernen sollten, die man als

Geschäftsfrau oder -mann braucht, demonstrierte vor allem, wie zufällig heute der Zusammenhang zwischen Qualifikation und Erfolg ist. Die Sieger wurden erfolgreich darauf gedrillt, bestimmten, in kaum einem anderen Lebensbereich üblichen Normen zu entsprechen: den »Werten des Business«, wie Donald Trump es versteht. *America's Next Top Model* führte uns vor Augen, dass es bei Schönheitswettbewerben längst nicht mehr um Schönheit geht. Die Show bezieht ihre Faszination *erstens* aus der Erkenntnis, dass die Normen der Modebranche wenig mit unseren vertrauten Vorstellungen von Schönheit zu tun haben (abstrakt war einem das längst klar, aber hier war der Beweis), sehr viel hingegen mit den Anforderungen, die das professionelle Vorführen von Kleidungsstücken oder das Anpreisen von Kosmetikartikeln mit sich bringen; und *zweitens* aus der Erkenntnis, dass die Produzenten in den Kandidaten noch etwas ganz anderes suchten: eine Form der psychologischen Formbarkeit, der Bereitschaft, sich verwandeln zu lassen und zu gehorchen. *The Starlet* wiederum demonstrierte die Distanz zwischen den Regeln des Schauspielhandwerks und den Normen, die für TV-Darsteller gelten; doch auch hier wurden die Kandidaten im Namen des Mantras des »So läuft das eben in unserem Geschäft« psychologisch umgeformt, was ebenfalls lehrreich war. Man könnte die Reihe beinahe endlos fortsetzen: Bei *Hell's Kitchen* ging es darum, wie man Profikoch wird, bei *The Cut* lernte man, wie man zum willfährigen Günstling eines Modedesigners aufsteigen konnte usw. usf.[4]

4 Die beliebte, von den eben skizzierten Regeln allerdings abweichende Show *Fear Factor* unterhält eine ganz andere Beziehung zur Norm. *Fear Factor* fügt dem Sport externe Regeln hinzu. All

All das ist sehr interessant und auf eine gewisse Art auch aufschlussreich. Diese Sendungen arbeiten dabei auf einen uns nur allzu vertrauten Zustand hin: Normen, die angesichts der Erfordernisse irgendwelcher Branchen gerechtfertigt sein mögen, verwandeln sich in Normen für interne Bereiche und infiltrieren diese Räume: zunächst das Bewusstsein, das wahnwitzige Anweisungen und Modifikationen akzeptiert; dann Bereiche, die überhaupt nichts mit dem öffentlichen Leben oder der Arbeitswelt zu tun haben, sondern vielmehr vor ihren Anforderungen geschützt sein sollten: das private Zuhause und die Unversehrtheit des Körpers, auch unter der Haut.

In den vergangenen Jahren tauchte nämlich eine geradezu barocke Vielzahl neuer Reality-Shows auf: *The Swan*, *Extreme Makeover* und, als sich herausstellte, dass diese Sendungen dann doch etwas zu krass für die Zu-

---

die Sportarten, die wir uns gemeinhin im Fernsehen anschauen (American Football, Baseball, Golf, Tennis), wurden ursprünglich zum Vergnügen der Teilnehmer erfunden und erst später für das große Publikum auf den Bildschirm gebracht. Im Gegensatz dazu scheint *Fear Factor* eine »Sport-Show« zu sein, die vor allem für die Zuschauer entwickelt wurde. Das Ziel der Show besteht schlicht darin, dass das Publikum gut unterhalten wird. Und was wollen die Leute sehen, wenn man nach dieser Sendung geht? Etwas, was niemand aussprechen oder gar für akzeptabel halten würde: Fernsehen (das hier die Rolle der Industrie insgesamt spielt), das beim Publikum ein Verlangen danach erzeugt, den menschlichen Körper in Posen und Aktivitäten zu sehen, die einem große Schmerzen bereiten würden, müsste man sie persönlich erdulden. Denn wie hätten wir auf die Idee kommen sollen, dass es Vergnügen bereitet, wie aus Marmor gemeißelten Adonissen und Frauen in Bikinis dabei zuzusehen, wie sie gezwungen werden, Kuhmilz zu essen oder sich in Kisten voller Nacktschnecken zu wälzen.

schauer waren, *Extreme Makeover. Home Edition* sowie die diversen Nachahmerformate. Auch *The Swan* und *Extreme Makeover* knüpften an jene Form des Spektakels an, das allen vergleichbaren Wettkämpfen zugrunde liegt: Schönheitskonkurrenzen wie die Wahlen zur Miss America, mit denen wir einst unser Land besser kennengelernt hatten und bei denen man der Vertreterin des eigenen Staates die Daumen drückte, während man die schönsten Blumen der anderen 49 anerkennend bewunderte. Shows wie *The Swan* beförderten einen neuen Typ von Norm, sie stellten sie gleichsam auf chirurgischem Weg wieder her, indem man die Gesichter und die Körper der Teilnehmer buchstäblich umbaute. Sie sollten dabei keine Schönheit ausstrahlen, sondern eher eine Form des televisuellen Glamours. Man verpasste durchschnittlichen, nicht sonderlich attraktiven Menschen Nasen- und Brust-OPs, saugte Fett ab, spritzte ihre Lippen mit Collagen auf, ließ sie abnehmen und entfernte dann die hängende Haut, liftete sie, und nach einer zusätzlichen Dreiviertelstunde Psychotherapie sahen sie plötzlich aus wie formbare Models aus Wachs. So saßen sie dann wie Gefangene einsam und allein in einem düsteren Gemäuer, bis die auf natürliche Weise schöne Moderatorin die samtenen Vorhänge vor dem Spiegel aufzog und die umgebaute Frau vor lauter Schreck unweigerlich zu weinen anfing. »Du weinst«, erklärte die Hausherrin dann feierlich, »weil du dich noch nie so schön gesehen hast. Du weinst, weil du verwandelt wurdest.« Sie wiederholte diese Litanei so lange, bis das vor lauter Schluchzen sprachlose Opfer schließlich nickte. Wem dies wie Gehirnwäsche vorkam, der hatte lediglich noch keine Vorstellung von der wahren Dimension des Horrors, die erst ersichtlich wurde, als die Regie uns Bilder aus einem Besprechungszimmer zeigte, in dem Schönheitschirurgen ihre gelungene Arbeit bejubelten, deren Gesichter, Zähne, Augen und Haare ebenfalls chirurgisch modifiziert worden waren, so dass auch sie künstlich, ja geradezu monströs anmuteten. (Irgendwoher taucht in mir jetzt plötzlich die Erinnerung an eine jener berühmten, von Rod Serling geschriebenen Episoden der Serie *Twilight Zone* auf, sie müsste so aus dem Jahr 1960 stammen: Eine ganz normale Frau wird von allen als hässlich bezeichnet und so lange unter Druck gesetzt, bis sie sich einer Operation unterzieht, nach der ihr Gesicht total verschandelt ist. Wir können überhaupt nicht nachvollziehen, was vor sich geht, bis die Kamera weiter aufzieht und wir erkennen, dass in der Welt dieser Frau alle Menschen auf entsetzliche Weise entstellt sind – Iiii-gitt!)

Diese Shows wollten nicht einfach nur zeigen, *wie sehr* Menschen verändert werden konnten, sondern *dass* sie verändert werden konnten. Wie hieß es so schön im Vorspann der Serie *Der Sechs-Millionen-Dollar-Mann*: »Wir haben die Technologie …«, doch was uns fehlte, war ein Vorwand, um sie einzusetzen. Als sich zeigte, dass die Zuschauer zunehmend darüber irritiert waren, dass den Menschen Normen quasi unter die Haut injiziert wurden, widmeten die Sender immer mehr Episoden Menschen, die hässlich oder gar entstellt waren, so dass man die Propaganda für die Norm als Akt der Wohltätigkeit oder als medizinische Notwendigkeit verkaufen konnte. Als wesentlich erfolgreicher erwies sich dann jedoch eine subtile Kehrtwende, die ebenfalls als Mildtätigkeit präsentiert wurde: Man zerstörte nun nicht länger die Gesichter der Menschen, um sie anschließend zu rekonstruieren; in dem

Ableger *Extreme Makeover. Home Edition* wandte man sich vielmehr ihrem Zuhause zu. Die Sendung trieb das Prinzip älterer Inneneinrichtungsformate wie *Trading Spaces* (eine Show, in der Menschen übereinkamen, jeweils einen Raum im Haus ihrer Nachbarn neu einzurichten) auf die Spitze. In irgendeiner Form gelang es *Extreme Makeover* also immer, in den Kernbereich des Privaten vorzudringen: wenn nicht über den Körper, dann doch wenigstens über jene Räume, die ihn schützen sollen. Ein Team von Spezialisten rückte an, um unser schäbiges Domizil auseinanderzunehmen und neu auszustatten. Bei den Gebäuden, die auf diesem Weg entstanden, handelte es sich nicht länger um Wohnungen im eigentlichen Sinne, sondern eher um so etwas wie Freizeitparks. Die Innenarchitekten statteten sie nicht mit irgendwelchen Luxusgegenständen aus, sondern sie spekulierten zunächst zehn Minuten lang oberflächlich über die Psyche der Bewohner, bevor sie die Räume mit angeblich dazu passenden Dekorationselementen vollstellten: »Der kleine Timmy will Feuerwehrmann werden, also haben wir das Kinderzimmer so angemalt, als ob es in Flammen stünde!« Solange die Hausbesitzer arm oder beschränkt genug waren, bedeutete praktisch jede Veränderung eine Art Fortschritt. Die Sendung wurde ein enormer Erfolg.

Alle erdenklichen Maßnahmen, die man im Namen der Wohltätigkeit oder der Gesundheit ergreifen kann, sind dazu geeignet, gesellschaftliche Normen in immer mehr Bereiche unserer Privatsphäre einzuschleusen. Angeblich plant Fox gar eine Show namens *Who Wants to Live Forever?*, eine »Sendereihe, in welcher zunächst der Todeszeitpunkt der Teilnehmer berechnet wird, bevor man ihnen dabei hilft, durch gesunde Ernährung, Sport und das

Ablegen schlechter Gewohnheiten ihre Lebenserwartung zu verlängern«. Somit schließt sich der Kreis, und das Reality-TV gibt uns nicht länger allein die Möglichkeit, unser reales Leben zu beobachten, sondern auch alle möglichen Eingriffe, die man im Namen eines lediglich statistisch berechneten zukünftigen Lebens daran vornimmt. Das Vakuum, das entstehen könnte, wenn die Formate, in denen wir uns gegenseitig beobachten bzw. von der Öffentlichkeit beobachten lassen, wird mit Privatangelegenheiten gefüllt, die wir sonst nicht zu sehen bekommen oder nicht sehen sollten. Im Mittelpunkt des großen medialen »Fests« stehen dann nicht länger wir selbst in unserer Eigenschaft als Bürger, sondern Phantasmen, die von Branchen wie der Gesundheits-, Schönheits- oder Inneneinrichtungsindustrie verbreitet werden. Und all diese Industrien erwarten von uns, dass wir gehorchen. Sie sind insofern schlimmer als all die Schrecken des Theaters und der Erzählungen, weil sie nicht offenlegen, dass und in welchem Ausmaß auch sie fiktiv sind.

*

Zwei Dinge machen also die Realität des Reality-TV aus: Es ist der Ort, an dem uns unsere Mitbürger gezeigt werden; und es zeigt uns, *dass sie alle vom Fernsehen verändert wurden*. Diese Realität ist die uneingestandene Wahrheit, die uns die fiktionalen Fernsehserien nicht zeigen können und auch nicht zeigen werden. Das Problem der Serien und anderer fiktionaler TV-Formate besteht ja, einmal abgesehen davon, was die korrumpierten Figuren erzählen oder tun, darin, dass diese Sendungen die Menschen zeigen, als würden ihre Leben *nicht* durch das Fernsehen beeinflusst. In dieser Hinsicht gelingt es ihnen also noch nicht einmal ansatzweise, unsere Realität einzufangen. (Romanautoren hingegen waren schon immer von der Frage besessen, inwiefern die Lektüre von Romanen unser Bewusstsein formt oder ruiniert.) Und diese Beobachtung steht durchaus im Einklang mit der Tatsache, dass das Fernsehen – viel stärker als andere Medien – bereit ist, die Aufgabe zu übernehmen, unsere Leben zu formen und dass es sich selbst dann den Anforderungen des Marketings und der Wirtschaft unterwirft, wenn die Fernsehmacher selbst gar nicht so genau wissen, was sie da eigentlich anstellen.

Serien, Filme und Dramen tun so, als sei alles ganz harmlos und fiktiv. In Wahrheit befördern sie allerdings bestimmte Lebensweisen. Doch wann immer die Normen der Wirtschaft die Art und Weise infiltrieren, wie unsere Realität im Fernsehen wiedergegeben wird, können sie ganz unmittelbar dafür sorgen, dass bestimmte Lebensweisen real werden – die Vermittlungsleistung der »harmloseren« fiktionalen Genres brauchen sie dann gar nicht mehr.

Manchmal ist es möglich, Korruption mit Korruption zu bekämpfen: Man kann sich zum Beispiel eine Sendung wie *Blind Date* als Antidot gegen *Friends* ankucken. Doch auf welche Formate aus unserer Fernseherfahrung können wir zurückgreifen, wenn es darum geht zu zeigen, inwiefern sich unsere Häuser und Gesichter – entgegen der Botschaft von *Extreme Makeover* – eben nicht ummodeln lassen? Wer wird die Realität erfinden, die wir dieser »Realität« entgegenhalten können?

IM GESCHIRR

»Wir brauchen nicht nur den Flicken
Wir brauchen den ganzen Rock
Wir brauchen nicht nur das Stück Brot
Wir brauchen den Brotlaib selbst.
Wir brauchen nicht nur den Arbeitsplatz
Wir brauchen die ganze Fabrik und die Kohle
                      und das Erz und
Die Macht im Staat.
Gut, das ist, was wir brauchen
   Aber was
   Bietet ihr uns an?«

> *aus: Bertolt Brecht,*
> *»Die Mutter. Leben der Revolutionärin*
> *Pelagea Wlassowa aus Twersk«*

Diejenigen von uns, die auf die schicken Universitäten gegangen sind und sich dort ganz nebenbei das Selbstbewusstsein und das Savoir-faire der herrschenden Klasse angeeignet haben – wir haben Entscheidungen zu treffen. Wir müssen uns entscheiden, ob wir der Welt die Treue halten wollen, die uns dort gegeben wurde, oder derjenigen, aus der wir gekommen sind.

»Ah, du hast in Harvard studiert«, sagte eine junge Frau, die ich einmal zu beeindrucken versuchte, vor sehr langer Zeit. »Wow, ich bin beeindruckt! Manche lassen sich ja richtig einschüchtern von Leuten, die in Harvard studiert haben.« Ihre Worte machten mir Angst, aber auf eine Art ließen sie mich auch hoffen, dass sie eine von diesen Manchen sein könnte. Junge Männer brauchen solch zufällige Ermunterungen.

»Weißt du, das erinnert mich an etwas, das einer Freundin von mir passiert ist.« Sie lächelte ihr süßes Lächeln und erzählte folgende Geschichte:

»Eine Freundin von mir zog gleich nach dem College nach Northampton, und da gab es nun wirklich nicht viele Typen, mit denen sie sich hätte verabreden können. Bei der Arbeit lernte sie ein paar Leute in ihrem Alter kennen, die jede Woche zusammen *Akte X* schauten. Du erinnerst dich an die Serie, oder? In dieser Gruppe gab es auf jeden Fall einen total netten Kerl, der ihr schöne Augen machte und den sie auch sehr sympathisch fand. Er war ausnahmsweise mal nicht schwul und arbeitete als Grundschullehrer. Das einzig Merkwürdige an ihm war, dass er, wie sie wusste, in Harvard studiert hatte. Genau genommen, erwähnte er das selbst immer wieder, was sie tatsächlich ein wenig einschüchterte. Als sie einmal beide dieselbe *Akte-X*-Folge verpasst hatten und er sie zu sich nach Hause einlud, um die Episode ohne die anderen nachzuholen, sagte sie natürlich Ja.

Sie kuckten also *Akte X*, und alles lief ganz normal. Allerdings fiel ihr doch auf, dass er ein bisschen arg aufgeregt wurde, als Scully – das ist die Heldin – ihre schmutzig gewordene Bluse ausziehen und die Außerirdischen fortan im BH jagen musste. Ach, so sind Typen nun mal, dachte sich meine Freundin. Außerdem hatte er wirklich ein schönes Apartment, mit vielen üppigen Grünpflanzen. Als der Fernseher aus war, wurde die Situation zwar ein bisschen verkrampft, aber sie stand voller Bewunderung bei den Pflanzen, und schließlich sagte er: ›Ähm, willst du dir auch die Pflanzen ansehen, die in meinem

Schlafzimmer stehen?‹ Und sie entschied: Ja, das wollte sie.

Sie geht also vorneweg ins Schlafzimmer, wo ihr auf den ersten Blick etwas Merkwürdiges auffällt: Auf Augenhöhe hat der Kerl ringsum an den Wänden Fotos von Audrey Hepburn aufgehängt. Audrey in *Ein Herz und eine Krone*. Audrey in *Frühstück bei Tiffany*. Sie kuckt sich also die Bilder an, die immer sexier werden, bis die Reihe von der Türöffnung unterbrochen wird, durch die gerade der Typ den Raum betritt. Sie macht natürlich die Tür zu, weil sie das Ende der Bilderserie sehen möchte. ›Nein!‹, ruft er noch, und macht einen Satz, um sie aufzuhalten – zu spät. Auf der Rückseite der Tür bemerkt sie sofort zwei Sachen: Erstens kulminiert die Serie in äußerst sinnlichen Aufnahmen von Audrey: Sie trägt nichts als einen BH und einen Hüfthalter oder eine Art durchsichtigen Slip. Und zweitens ein riesiges, mannshohes Ledergeschirr, das an einem Ausleger hängt, der oben an der Tür angebracht ist. Es gibt Schlaufen für die Beine, eine, in der man offensichtlich sitzen kann, und einen Riemen, der sich am Hals mit einer Schnalle festzurren lässt. Alles ist in einer Höhe angebracht, von der aus man – einmal angeschirrt und mit dem Riemen straff um die Kehle – genau auf Audrey kucken kann.

›Äh, was ist das denn?‹, fragte meine Freundin.

›Oh‹, sagte er mit zitternder Stimme. ›Das ist mein Geschirr.‹

›Klar. Natürlich. Und wofür brauchst du das?‹

›Nun, ich, … Ich benutze es zum Masturbieren‹, antwortete er mit einem Hauch fürchterlicher Scham in der Stimme. Doch dann gewann er plötzlich seine Selbstsicherheit zurück und meinte: ›Keine Sorge! In Harvard hat jeder so eins.‹«

Gesetzgebung aus dem Bauch heraus oder: Umverteilung

Eine der Lektionen, die man lernt, wenn man heutzutage ein Magazin gründet, das der Politik auch nur ein kleines bisschen Aufmerksamkeit widmet, besteht darin, dass sich sofort ein Haufen Miesmacher einfindet, der nach dem Was und Wozu, nach dem Ob und Wie zu wissen verlangt. Gehört man in die hinteren Regalreihen sortiert, gleich neben *Mother Jones*, *Z* und *American Spectator*? Oder ganz nach vorne, zusammen mit *The Nation*, *Weekly Standard* und *American Prospect*? Ob man wirklich keinen Präsidentschaftskandidaten unterstützen wolle? Oder eine Partei? Oder eine bestimmte Strömung innerhalb einer Partei? Oder ob man sich nicht wenigstens für ein Thema oder irgendeine Position einsetzen wolle? Die Idee, dass der Politik in diesem Land auch gedient sein könne, indem man über Probleme und prinzipielle Fragen nachdenkt, anstatt über konkrete Strategien zu diskutieren, irritiert diese Miesmacher nicht etwa, nein, sie macht sie wütend.

Die zornigen politischen Miesmacher wollen, dass man »Verantwortung« übernimmt, die in ihren Händen zu so etwas wie einer fiktiven Form der Macht wird. Wenn man die Welt lediglich vom Lehnstuhl aus infrage stellt, fühlen sie sich persönlich beleidigt. Bildet man sich jedoch ein, man könne sie von dort aus regieren, sind sie begeistert – weil man dann ebenfalls auf jene Fiktion aufgesprungen ist, die ihre elitistische Position rechtfertigt. Diese Kommentatoren, die keinerlei Zugang zum Gesetzgebungsverfahren haben und keine erhabenere Grundlage für ihr politisches Engagement als die ganz normale Staatsbürgerschaft (sie halten sich natürlich nicht für ganz normale Staatsbürger), blöken und fauchen und äußern sich ständig ganz offiziell zu den verschiedensten Gesetzesinitiativen im Kongress, auf die sie nicht den geringsten Einfluss haben. Sich andauernd offiziell zu etwas zu äußern, heißt allerdings, »politische Verantwortung« in eben jenem falschen Sinn zu übernehmen. Die Meinungshuberei selbst – dieses ritualisierte Ventilieren von Ansichten zu allem und jedem, das nur der Legitimation der aufgeregten Selbststimulierung einer Klasse von niemandem gewählter Schiedsrichter dient, die letztendlich den Staatsbürger in sich selbst nicht respektieren – wird keine Sekunde lang kritisch hinterfragt.

»Wofür setzt du dich ein? Was hast du vor?« Was die Gesetzgebung angeht? Soll das ein Witz sein? Nun, es gibt etwas, das man tun kann, ohne sich den Meinungsmachern zu unterwerfen: Für den Fall, dass der Kongress eines Tages tatsächlich an uns herantritt und uns nach unseren Gesetzesinitiativen fragt, sollte womöglich doch jeder Staatsbürger wissen, was ihm am Herzen liegt, und seine Vorschläge und Resolutionen zur Hand haben. Nennen wir diese Praxis »Politischen Surrealismus«: Fordern wir das in der Gegenwart Unmögliche, damit wir wenigstens die Grundsätze ans Licht bringen (ob nun über Umwege oder – was unwahrscheinlicher ist – auf direktem Weg), welche die Welt regieren würden, die wir uns statt derer wünschen, die wir de facto haben.

§ Grundsatz: Eine Regierung ist dazu da, das Geld so zu verteilen, dass kein Bürger arm ist – damit es niemanden gibt, für dessen elende Situation, in die er aufgrund der Willkür des Schicksals geraten ist, wir uns mitverantwortlich fühlen müssten. Im Leben geht es darum, die Einzelnen für den *Individualismus* zu befreien. Der Individualismus zielt als Projekt darauf ab, das eigene Leben so ansprechend und so außergewöhnlich zu machen, wie man es sich eben wünscht – und zwar ohne die Barrieren, welche uns eine ungerechte Gesellschaft, die alle Erfolge zu unverdienten werden lässt, in den Weg stellt. Die Regierung ist das externe Korrektiv, das uns ein Leben in wirklicher Freiheit ermöglicht.

§ Gesetzesinitiative Nr. 1: Individuelle Einkommen sollen bei einer bestimmten Höhe gedeckelt werden. Zu diesem Zweck müssen Menschen, die (aus welcher Quelle auch immer) mehr als 100 000 Dollar im Jahr verdienen, ab dieser Grenze 100 Prozent Einkommensteuer bezahlen.

§ Gesetzesinitiative Nr. 2: Jeder einzelne Bürger soll aus den Einnahmen der Regierung jährlich 10 000 Dollar ausbezahlt bekommen, in monatlichen Raten. Und zwar schlicht und ergreifend aufgrund der Tatsache, dass er eben ein erwachsener Amerikaner ist.

Vermögensumverteilung kann ziemlich zermürbend sein, wann immer sie zum Thema wird. Am zermürbendsten ist sie wohl für diejenigen, die am wenigsten vermögend sind, weil sie am härtesten für jeden Dollar gearbeitet haben und es sich nicht leisten können, auch nur einen Dollar zu verlieren.

Umverteilung erfolgt allerdings in zwei Schritten, und wenn man sich diese Schritte einmal genauer anschaut, dann ist alles gleich gar nicht mehr so zermürbend. Der erste Schritt wurde bereits im vergangenen Jahrhundert vollzogen: die Einführung der progressiven Einkommenssteuer, einer der größten Triumphe der Zivilisation. Man einigte sich darauf, die Steuerlast zu staffeln, um die relative Belastung für alle Verdienenden anzugleichen. Für eine Person, die insgesamt über wenig Geld verfügt, ist ein kleiner Betrag so wertvoll wie ein weitaus größerer Betrag für eine Person mit einem Haufen Geld. Sie sind allerdings beide gleichrangige Bürger, und so trägt nun jeder die gleiche Last. Zahlen in diesem Sinne alle proportional dasselbe, leisten alle Steuerzahler denselben Beitrag zu unserem Staatswesen, und alle bringen vergleichbare Opfer.

Unsere Aufgabe ist es, in diesem Jahrhundert den nächsten Schritt zu tun. Dabei geht es darum, Vermögen aktiv umzuverteilen, damit sich jene zwei Teile der Gesellschaft auflösen, deren Existenz den Werten der Demokratie und der Zivilisation widerspricht und unter der die Angehörigen beider Klassen leiden: die obszön Armen und die absurd Reichen. Wir müssen beiden Gruppen helfen, und das bedeutet, dass nicht nur die Armut, sondern auch der absurde Reichtum abgeschafft werden muss. Obszöne Armut motiviert weder die Armen noch verschafft sie uns eine Befriedigung; sie lässt die Armen verzweifeln und in die Kriminalität abrutschen. Absurder Reichtum bringt den Reichen nichts und stellt für uns keinen Anreiz dar; sie verwandelt die Reichen (in der Mehrheit gute, anständige, hart arbeitende und begabte Leute) in selbstsüchtige Menschen, die indirekt für große soziale Probleme verantwortlich sind. Es ist grausam, unser System so zu manipulieren, dass diese Extreme entstehen, und es ist grausam, Mitbürger in Abwasserkanäle zu beiden Seiten des Weges unserer Nation zu werfen. Die Existenz der Kasten der Superreichen und der Superarmen führt dazu, dass alles, was wir erreichen, zu etwas Trivialem, ja Unwirklichem wird, und sie zerstört in letzter Konsequenz die amerikanischen Prinzipien der harten Arbeit und des gerechten Lohnes. Glücklicherweise kann die Überwindung des einen Übels (des absurden Reichtums einzelner Personen) zur Beseitigung des anderen beitragen (der extremen Armut).

Wahrer Besitz ist das, was wirklich zu einer Person gehört: etwas, in das sie ihre Hände hineingesteckt hat (John Locke), das für diese Person und niemanden sonst charakteristisch ist, das im Besitz von irgendjemand anderem seinen Zustand verändern würde: ihre Kleidung, ein Wohnhaus, Dinge, die sie berührt und benutzt, der Grund und Boden, auf dem sie tatsächlich wandelt. Eigentum ist das *proprium*, Besitztümer, die zu so etwas wie einer Eigenschaft werden. Zunächst könnte diese Sache auch irgendjemand anderem gehören, doch im Lauf der Zeit wird sie zu etwas, das eine Person von anderen unterscheidet. Wenn ein Stück Land die Spuren der Füße eines Menschen trägt und ein Gegenstand die Abdrücke seiner Finger, wenn eine Sache seinen Geruch und seine ganz persönliche Atmosphäre angenommen hat, dann stellt Eigentum wirklich etwas Besonderes und Unverletzliches dar, selbst wenn es einem auf ungerechte Art und Weise zugefallen ist, etwa durch Erbschaft oder unverhältnismäßiges Einkommen. Vor dem Gesetz genießen der Diamant, der jeden Abend am Hals getragen wird, und der zerrissene Mantel, der einen Frierenden wärmt, zu Recht denselben Schutz.

Anders verhält es sich jedoch mit jener Art von Reichtum, der angesichts der Bedürfnisse des alltäglichen Lebens, ja selbst des Wunsches nach normalen Luxusgegenständen keinen Nutzen mehr mit sich bringt. Reichtümer, die ihr Besitzer nicht täglich berühren, tragen oder beschreiten kann; Dinge, die nicht aus der eigenen Hände Arbeit hervorgehen und die niemanden in die Lage versetzen, arbeiten zu können, sondern ausschließlich in Form virtueller Kolonnen von Zahlen existieren, verwirken den Schutz, den das *proprium* genießt. Wenn man mehr Häuser besitzt, als man selbst oder die eigenen Angehörigen bewohnen können; mehr Autos, als man fahren kann; wenn man im Jahr viel mehr verdient, als man selbst oder die Familie für Dinge ausgeben kann, die man wirklich benutzt (selbst wenn sie keinen praktischen Nutzen haben mögen); dann sprechen wir nicht länger von Eigentum im eigentlichen Sinn, von *proprium* also, sondern von etwas Unangebrachtem und Unangemessenem – von dem, was man durch willkürliche soziale Arrangements, ob man sie nun absichtlich oder zufällig ausnutzt, anhäuft, nicht durch eigene Anstrengung.

Daher mein Plädoyer für eine Beschränkung der Einkommen. Ungleichheit zwischen den Menschen wird es immer geben, man sollte allerdings nicht alle Formen und Ausmaße der Ungleichheit über einen Kamm scheren. Natürlich kann das *proprium* auch in anderen nicht monetären Formen weitergegeben werden – über die ganz speziellen Gene unserer Eltern, als physisches Erbstück, als Wohnhaus, Werkzeug oder Einrichtungsgegenstand, der die Spuren der Hände und des Atems der früheren Besitzer trägt. Aber man muss doch anerkennen, dass Einkommen und Vermögen immer auch das Ergebnis sozialer Arrangements innerhalb einer Gemeinschaft sind: eines gemeinsamen Marktes, gemeinsam diskutierter und beschlossener Regeln, einer Ordnung, in deren Rahmen Investitionen getätigt werden, all der Assoziationen, zu denen wir uns freiwillig zusammengefunden haben, allen voran der größte dieser Zusammenschlüsse: der Staat.

Eine reiche Person – die auch nach Umsetzung meines Gesetzesvorschlags 100 000 Dollar im Jahr einstreichen würde – bliebe weiterhin reich. Sie wird allerdings einen Teil dieser Summe in ihr Haus stecken, einen Teil auf ihrem Konto parken und wieder einen anderen Teil in Dinge, auch Luxusgüter, investieren, die sie tatsächlich benutzt. Somit würde ein angemessener Teil des Einkommens in wahrhaft persönliches Eigentum umgewandelt, ohne dass es zu absurden Auswüchsen käme. Ein Superreicher jedoch, der eine, zehn oder gar einhundert Millionen nach Hause bringt, wird niemals, ja kann gar nicht in der Lage sein, dieses Geld in irgendeiner halbwegs vernünftigen Weise für Dinge auszugeben, die er wirklich im Alltag braucht; zumindest nicht außerhalb einer parasitären Ordnung, in der normale Sachen (ein Haus, ein Abendessen usw.) überteuert sind (weil es genug Leute gibt, die sich darum reißen, so viel bezahlen zu dürfen) oder absurd übertriebene Dimensionen annehmen (wie etwa Anwesen mit Hunderten Morgen Land). Alles, was über die 100 000 Dollar hinausgeht – gehen wir einmal von 9 900 000 Dollar aus –, stellt eine gewaltige Fehlallokation von Ressourcen dar. Würde man sie umverteilen, etwa in Form eines garantierten Grundeinkommens für alle Bürger, könnten davon sehr viele Menschen in Haushalten mit einem Einkommen unterhalb oder knapp oberhalb des Medians (der heute bei etwa 45 000 Dollar pro

Haushalt liegt) profitieren, und der Nutzen für die Gesellschaft wäre wesentlich größer. All das wäre möglich – und das ist ein sehr wichtiger Punkt –, ohne dass die vormals Superreichen darunter in irgendeiner Form zu leiden hätten; wenn überhaupt, würden auch sie daraus große Vorteile ziehen. (Idealerweise sollte das Geld allen automatisch zugeteilt werden, ohne spezielle Behörde. Es ist als universelles Gut gedacht, nicht als Kontrollmechanismus. Jeder bekommt 10 000 Dollar, die ihm helfen sollen, wirklich frei zu sein. Das schließt den Topverdiener mit seinen 100 000 Dollar ein. Auch er soll jederzeit die Gelegenheit haben, sich zu entschließen, sein Leben zu ändern.)

*

Menschen, die skeptisch gegenüber diesem Vorschlag sind, malen in der Regel die Gefahr an die Wand, ohne »Leistungsanreize« würden die Menschen zu arbeiten aufhören. Das Worst-case-Szenario sieht so aus: Zehntausende von Menschen mit Jobs im Finanzwesen, Manager oder Freiberufler (ganz zu schweigen von Profisportlerinnen und -sportlern sowie Schauspielerinnen und Schauspielern) beenden ihre Karrieren, weil sie eigentlich nie wirklich Banker, Anwälte, Vorstandsvorsitzende, Schauspieler, Baseballspieler etc. sein wollten. Sie haben es doch nur des Geldes wegen getan! Eigentlich wollten sie Highschool-Lehrer werden, Sozialarbeiter, Ärzte, Ganztagseltern oder Kriminelle und Faulenzer.

Derlei wäre alles andere als eine Tragödie, sondern der mit Abstand größte Triumph der menschlichen Emanzipation seit einhundert Jahren. Ein kleiner Teil der Reichen und Unglücklichen würde endlich von der Sklaverei ihrer Jobs befreit, die sowieso nie ihre Berufung gewesen sind – und wir alle würden befreit von einem irrsinnigen System.

Wenn es irgendjemanden gibt, der zwar arbeitet, aber zu arbeiten aufhören würde, sobald sein Einkommen – gleichzeitig mit dem Einkommen seiner reichsten Landsleute – auf 100 000 US-Dollar pro Jahr fällt, dann *sollte er diesen Job nicht machen*. Er hätte diesen Job *niemals* machen sollen. So was ist doch kein Leben – eine Arbeit zu verrichten, die man nicht verrichten will, wenn es auch andere Möglichkeiten gibt und man sich sowieso etwas Besseres vorstellen kann (und man außerdem ein 10 000 Dollar starkes Polster besitzt, um völlig problemlos ein ganz anderes Leben auszuwählen). Falls sich tatsächlich niemand dazu entschließen sollte, diesen Job für lediglich 100 000 Dollar pro Jahr zu machen; falls *alle* etwas ganz anderem nachgehen würden, das von größerem Wert für die Menschheit wäre; falls, nur einmal angenommen, wirklich niemand bereit wäre, für dieses Geld Unternehmer zu sein, Industriekapitän, Schauspieler oder Athlet – dann sollten diese Jobs nicht existieren.

Die Annahme, das Wirtschaftssystem würde zusammenbrechen, wenn man die Einkommen deckeln würde, ist eine der zweifelhaftesten Annahmen der herkömmlichen ökonomischen Psychologie. Gehen Sie doch einmal für einen Moment in sich und überlegen Sie, ob Sie diese Annahme teilen. Wird ein Erfinder sofort mit dem Erfinden aufhören, wenn seine Erfindungen zwar weiterhin größeren Kollektiven zugutekommen – einem Unternehmen beispielsweise oder der Gesellschaft insgesamt –, sein ohnehin zufriedenstellendes Einkommen dadurch jedoch nicht weiter steigt?

Würden die freien Berufe einfach verschwinden, wenn Ärzte nur noch wegen der Gesundheit und Anwälte nur noch wegen der Gerechtigkeit *und* 100 000 Dollar arbeiten würden, anstatt für – sagen wir – eine Million? Werden die Künste und die Unterhaltungsindustrie kollabieren, sobald Schauspieler, Autoren und Produzenten nur mehr für die Ehre und 100 000 Dollar arbeiten? Würden Baseballspieler wirklich die Branche wechseln? Wenn Sie jetzt in Panik geraten, weil Sie sich eine Obergrenze von 100 000 Dollar nicht vorstellen können, dann setzen wir sie eben bei 150 000 Dollar an. Unser ganzes System gründet auf der irrtümlichen Vorstellung, dass die Menschen die von ihnen gewählte Arbeit eigentlich hassen, während sie eine überwältigende Liebe für das Geld empfinden. Vermutlich ist das exakte Gegenteil der Fall. Sogar ein richtig erfolgreicher Wertpapierhändler *muss* seine Arbeit auf irgendeine Art und Weise lieben. Er genießt den Wettbewerb, der in Ermangelung anderer Kriterien in Geld gemessen wird, und all die Action und das Taktieren und die Gedanken- und Organisationsspiele, die ganz einfach seine Berufung sind. Diesem Ruhm könnte er allerdings auch in einer Gesellschaft nachjagen, in der er mit diesem Sport der Könige nur 100 000 Dollar im Jahr verdienen würde – in der er, ja, wir alle wesentlich besser dran wären.

*

»Aber wie kannst du andere auffordern, auf Teile ihres Einkommens zu verzichten, wenn du nicht zugleich dein eigenes Leben wohltätigen Zwecken widmest? Ist es nicht Heuchelei, von allen anderen zu verlangen, dass sie sich verändern, ohne auch dein eigenes Einkommen auszuhändigen?« Nicht die Großzügigkeit der Individuen –

hier eine Handvoll, da ein paar Dollar – rettet die Moral. Wohltätigkeit ist der große Makel aller von Ungleichheit charakterisierten Systeme. (Ich paraphrasiere hier lediglich Oscar Wildes »Der Sozialismus und die Seele des Menschen«.) Wir sollten gar nicht groß darüber nachdenken müssen, ob unser Geld in der Tasche eines notleidenden Menschen besser aufgehoben wäre, ob wir in unserer Freizeit Suppe an die Hungernden verteilen oder unsere Bildung nutzen sollen, um Analphabeten das Lesen beizubringen. Natürlich macht das die Welt in jedem einzelnen Fall zu einem besseren Ort. Doch da es uns nun einmal schwerfällt, Geld zu spenden oder Zeit zu opfern, wenn es nicht alle anderen auch tun – vor allem wenn es Menschen gibt, die offensichtlich über viel mehr Geld und viel mehr Zeit verfügen –, und weil es, ehrlich gesagt, selten eine sonderlich gute Idee ist, die eigene Berufung oder gar das eigene Leben aufzugeben – ist unsere Bereitschaft zu spenden begrenzt und unbeständig. Angesichts der Ungleichheit in der Gesellschaft werden wir so niemals einen großen Unterschied machen.

Nicht nur Anstand, Gerechtigkeit und Gemeinschaft, sondern auch Vornehmheit, Exzellenz und wahrer Individualismus können nur durch Umverteilung, nicht durch Wohltätigkeit entstehen, und zwar in einer Gesellschaft, die von vornherein so angelegt ist, dass krasse ökonomische Ungleichheit sich gar nicht erst herausbilden kann. Dann hätten wir es mit einer guten Gesellschaft im weitesten Sinne zu tun, einer Gesellschaft, in der das Leben lebenswert wäre, weil man nach dem guten Leben (also einem Leben, das Moralität und angemessenen Luxus vereint) streben könnte, ohne sich in Widersprüche zu verwickeln.

Das Wesen des Individualismus liegt in der *moralisch relevanten* Ungleichheit. Der Missbrauch beginnt dort, wo die Ungleichheit auf Wohlstand gründet, und nicht auf Fähigkeiten; auf Geburt, und nicht auf Talent; auf der Position in der gesellschaftlichen Hierarchie, und nicht auf Begabung; auf Geld, das sich auf andere übertragen lässt, und nicht auf Handlungen oder Erzeugnissen, die nur von einem selbst vollbracht oder produziert werden können. Diese Verzerrungen zeigen das Ende einer individualistischen Gesellschaft an. Ökonomische Ungleichheit erzeugt ein System, das alle Menschen drastisch einschränkt, indem sie jedem Einzelnen einen Platz in einer Rangordnung zuweist, die in der Hölle beginnt und bis zum Mond reicht. Der gemeinsame Maßstab des Dollar führt dann dazu, dass diese so genannten »Individualisten« sich alle an denselben Interessen und Begierden ausrichten, so dass praktisch nichts Individuelles mehr übrig bleibt.

Immer wieder hört man, dass es allen umso besser geht, je reicher die Reichen sind. In Wahrheit sind die Dick Cheneys dieser Welt allerdings deshalb so übergewichtig, weil sie den anderen das Essen wegfressen. Die Lehre von der Trickle-down-Ökonomie ist nichts anderes als eine Ernährungsphilosophie: Je mehr die Reichen essen, je mehr Schwarten sie sich in die Rachen stopfen, desto stärker profitieren angeblich wir auf den unteren Stufen der sozialen Pyramide. Selbst wenn das wirklich funktionieren würde, würde man doch nie den Gedanken los, dass alles, was da an uns weitergereicht wird, bereits vorgekaut wurde und durch die Mägen von Menschen gereist ist, die reicher sind als man selbst. Es hat zunächst einmal sie sehr viel fetter gemacht und denjenigen Nahrung im Übermaß verschafft, die es nicht verdienen. Auch ihre Denkmäler, die wir so sehr bestaunen, sind aus Abfällen errichtet. Aber warum die Welt als Exkrement erwerben? Warum sollten wir sie nicht in ihrer moralisch ursprünglichen Form an uns nehmen? Ohne den Umweg über die Reichen?

§ Gesetzesinitiative Nr. 3: Es wäre am sinnvollsten, wenn wir einen Präsidenten und einen Vizepräsidenten hätten, die dem Wohlstand auf ewig abschwören würden. Wer im Namen des *demos* herrscht, muss nicht aus dem *demos* kommen. Aber er sollte zu einem Teil des *demos* werden. Er sollte zu den Menschen gehören, für deren Unterstützung er vor allem verantwortlich ist – und das bedeutet: zu uns.

Rückentwicklung ist das zweite Katastrophenszenario, das Gegner meines Vorschlags für den Fall vorhersehen, dass wir dem menschlichen Glück Vorrang vor der Produktivität einräumen. Über Jahrhunderte hinweg spukte in den Hinterköpfen der westlichen Welt die Vorstellung herum, die technologische Entwicklung könne irgendwann einen Punkt erreichen, an welchem eine demokratische Gemeinschaft der Ansicht sein würde, dass es nun reiche oder dass man die Richtung ändern müsse – so wie die Einwohner Erewhons, die in Samuel Butlers gleichnamiger Utopie ihre Maschinen zerstören.

Heute sind wir in der Lage, uns ein präziseres Bild von den Alternativen zu machen: Es geht weder um die grenzenlose Hybris des Laissez-faire, noch um irrationale Maschinenstürmerei. Für ein Land, in dem der Fortschritt durch die voneinander unabhängigen Handlungen Einzelner in einigen Bereichen sehr viel weiter getrieben wird (etwa bei der Zerstörung der Landschaft und der Erdatmosphäre), als es irgendjemandem lieb sein kann, während er in anderen (man denke an die Krankenversicherung und Gesundheitsvorsorge) längst nicht weit genug geht – für ein solches Land wäre bewusste *Rückentwicklung* womöglich das Beste, was überhaupt passieren könnte. Natürlich wollen wir alle, dass immer mehr Krankheiten ausgerottet werden, dass Nahrungs- und Transportmittel zur Verfügung stehen und dass das Justizsystem sowie die Landesverteidigung einigermaßen funktionieren. Aber brauchen wir wirklich immer mehr Mobiltelefone und andere Gimmicks? Die immer allumfassendere ästhetische Umwelt der Unterhaltungsindustrie? Noch mehr Computer, mit deren Hilfe sich die Konsumenten noch besser überwachen lassen? Zunehmende Kapitalkonzentration? Ein noch raffinierteres Abschöpfen von »Ineffizienzen« im Handel mit Wertpapieren? Den finalen Todeskampf der Rohstoffförderung und Benzinverschwendung? Ach, zur Hölle damit! Ich würde lieber ein wenig langsamer in einer gerechteren Welt leben.

ROUTE 3

Als es mir selbst einmal ziemlich schlechtging, wurde ich Zeuge, wie jemand aus einem Auto geschleudert wurde, und das sah dann gleich noch sehr viel übler aus. Die Unbeholfenheit und die schlechten Spezialeffekte, mit denen ein Körper in hohem Bogen auf den Asphalt knallt, kann man gar nicht überschätzen.

Schwere nächtliche Wolken hatten die Stadt eng umarmt, darunter traf das Licht der Straßenlaternen auf die körnig-feuchte Luft und den schimmernden Dunst auf der Oberfläche der etwas erhöhten Überführung, so dass sich Tausende kleiner Blitzlichter oder Prismen bildeten.

Der Wagen hatte ohne erkennbaren Grund urplötzlich gebremst. Das Heck schnellte leicht nach oben, wie ein Läufer, der auf seinen Zehen stoppt und nach vorne zu kippen droht. Ein menschlicher Körper schoss durch die Windschutzscheibe und flog kopfüber über die Motorhaube. Die Arme eng am Körper, wie eine Taube, die ihre Flügel angelegt hat. Warum hat die Frontscheibe den Flug nicht abgebremst? Spricht man deshalb davon, ein Passagier sei »ausgeworfen« worden wie eine Kassette aus einem Videorekorder?

Es bereitet geradezu seelische Schmerzen, einen Körper mit dem Gesicht aufschlagen zu sehen. Wenn die Arme ausgestreckt sind, um den Aufprall abzufangen, merkt man wenigstens, dass eine Person in dem Körper steckt.

Ich betrachtete meine Hände auf dem Lenkrad, parkte auf dem Seitenstreifen und rief dann 911. Man wusste bereits Bescheid. Im Rückspiegel sah ich, wie Leute aus ihren Autos stiegen, losrannten und dann mit einigem Abstand zu der verletzten Person anhielten. Würde man an ihrem Verhalten erkennen, ob er tot war oder noch lebte? Ich besann mich auf meinen eigenen invaliden Zustand, und schickte mich als nicht länger einsatzfähig nach Hause. In den folgenden Tagen verfolgte ich die Fernsehnachrichten sehr genau und durchsuchte die Zeitungen nach Meldungen über einen schweren Unfall auf dieser Brücke.

Ich habe nie wieder davon gehört. Deshalb habe ich auch nie erfahren, was genau ich da eigentlich gesehen hatte. Abbie Hoffman berichtet, dass die Menschen während der Detroiter Aufstände im Jahr 1968 bei den Sendern anriefen, um herauszufinden, ob es auch in ihrer Gegend Ausschreitungen gab. Sie waren einfach nicht in der Lage, mal eben aufzustehen, zum Fenster zu gehen und nachzukucken. Ich bin fähig, in die Welt hinauszublicken, sehe aber nicht die Szenerie vor meinem Fenster. Der Bildschirm hat längst ein ganz anderes Bild gemalt. Es ist die Nordsee.

Anästhetische Ideologien

Vor einem Jahr schrieb ich einen Essay über eine moderne Krise der Erfahrung.[1] Erfahrung definierte ich damals als die Angewohnheit, aus einem permanenten Strom von Rohereignissen einige herauszugreifen, um sie zu sichern und anderen Menschen davon berichten zu können. Wir jagen einem falschverstandenen Glück hinterher und neigen dazu, dieses Glück durch eine Liste bestimmter Erfahrungen zu ersetzen; wir arbeiten diese Liste ab, sammeln die Erfahrungen ein und verwahren sie im Lagerraum des Gedächtnisses: Sex, Besäufnisse, Reisen, Abenteuer. Diese Erfahrungen gibt es nur in äußerst begrenzter Zahl, wir können uns nicht darauf verlassen, dass sie eintreten, und sie machen süchtig. In letzter Konsequenz können sie zu einem Leben in permanenter Unzufriedenheit und zu zwanghaftem, geradezu manischem Aktivismus führen.

Seit der ursprüngliche Aufsatz erschien, hatte ich das Gefühl, dem entgegengesetzten Phänomen zu wenig Aufmerksamkeit gewidmet zu haben: dem verzweifelten Wunsch danach, jegliche Erfahrung zu vermeiden, nach Anti-Erfahrung sozusagen. Das Streben nach Erfahrung und der Wunsch nach Anti-Erfahrung stehen nicht in einem chronologischen Verhältnis. Es ist nicht so, dass man eines Morgens nach einer finalen Erfahrungsorgie aufwachen und beschließen würde, dass es nun endgültig

1 Mark Greif, »*The meaning of life I. The concept of experience*, in: *n+1* 2/2005, S. 143-158.

reicht, dass man keine weiteren Erfahrungen erträgt. Der Wunsch nach Anti-Erfahrung scheint sich eher zufällig einzustellen, er ähnelt einem Anfall, folgt keinem festen Muster. Man kommt im Leben einfach in Situationen, in denen man nicht länger so leben möchte wie die anderen, allerdings ohne deshalb gleich sterben zu wollen. Die Erfahrungen stechen und kratzen, sie werden allzu aufdringlich. Die aufregenden Erlebnisse sind dann nicht mehr scheinbar unerreichbar wie ein fernes Pochen in der Dunkelheit. Wir hören auf, Erfahrung für den Hauptgewinn im Leben zu halten, selbst wenn alle anderen weiterhin danach streben. Sie wird vielmehr zu einer Geißel. Und in diesen Momenten wünscht man sich nichts sehnlicher, als dass dieses Gefühl endlich nachlassen möge.

Je länger ich darüber nachdenke, desto eindeutiger scheint mir, dass diese *anästhetische* Reaktion etwas mit den Reizen zu tun hat, die von einer anderen Neuerung der Moderne ausgehen: der totalen Ästhetisierung unserer Lebenswelt. Wenn Menschen plötzlich das Bedürfnis verspüren, die Häufigkeit oder Intensität der Erfahrung zu reduzieren, dann hängt dieses Unbehagen offenkundig eng mit der ästhetischen Überreizung durch fiktionale und reale politische Dramen zusammen, die uns permanent präsentiert werden – im Fernsehen, in Nachrichtensendungen, in Zeitungen, in Form von Schlagzeilen auf unseren Computermonitoren oder auf irgendwelchen anderen Oberflächen, ob sie nun aus Pixeln bestehen oder aus Papier. »Ich musste den Fernseher einfach ausschalten, weil ich es nicht mehr ausgehalten habe.« Für solche Klagen haben wir – mehr oder weniger – Verständnis, und wir antworten der seltsamen Miene des Leidenden mit einem ebenso befremdeten Gesichtsausdruck. Wir akzeptieren diese Erklärung allerdings nur bis zu einem gewissen Punkt, weil wir ja selbst Teil der Malaise sind, immerhin haben auch wir – die »normalen« oder gesunden Anderen – uns angewöhnt, unser alltägliches Leben auf eine geradezu widerwertige Weise als Abfolge singulärer Abenteuer zu erzählen. Die Erfahrungsverweigerer werden zunächst den Fernseher ausschalten – und im nächsten Schritt uns. Irgendwann, wenn das Leben sich in einen Albtraum aus ästhetisierten, dramatisierten Ereignissen verwandelt hat, werden sie so weit sein, dass sie alle Bilder und Geräusche des Lebens selbst ausschalten wollen.

Den Beginn einer Phase der Anti-Erfahrung erkennt man daran, dass die Schwelle niedriger wird, ab der man Reize als Ereignisse wahrnimmt. Man erlebt dann alle Dramen, die sich irgendwo in der Welt abspielen, als eigene Erfahrungen, als Erlebnisse, denen man nicht standhalten könnte, würden sie einem unmittelbar selbst widerfahren. Man fühlt sich dann verwundbar und absolut ungeschützt, es ist, als hätte man uns aller Barrieren beraubt oder sie wie eine äußere Haut einfach abgezogen. Mir fällt kein Begriff ein, mit dem man diese drei Ebenen der unvermeidbaren, allzu starken Erfahrungen (die medial vermittelten, jene, von welchen man uns erzählt, und jene, die wir persönlich unmittelbar erleben) besser zusammenfassen könnte als mit jenem der Allgegenwart des *Dramatischen*.

Ich habe keine Erklärung dafür, warum dieser Albtraum einige Menschen befällt und andere nicht, warum wir in bestimmten Zeiten darunter leiden, während wir in anderen davon verschont bleiben. Recht betrachtet, ist es eigentlich sonderbar, dass solche Zusammenbrüche, solche schmerzhaften Schübe der Erfahrungsüberforderung nicht viel häufiger auftreten. Warum passiert das nur zwei oder vielleicht zehn Prozent aller erfahrungshungrigen Bewohner unserer vollständig ästhetisierten Welt? Vielleicht hat diese Welt ja selbst gewisse anästhetische Eigenschaften, welche den Erfahrungshaushalt der Mehrheit der Menschen in einer Weise regulieren, die verhindert, dass auch sie zusammenbrechen?

*

Nehmen wir einmal an, man ist an diesem Punkt angelangt und hat nicht länger das Gefühl, zu denen zu gehören, die William James als die »geistig Gesunden« bezeichnet hat. Das verlässlichste Symptom für diesen Zustand ist ein plötzliches Befremden, das einen befällt, wenn die Gesunden schallend über einen brutalen Film lachen oder am Abendbrottisch seelenruhig von den Sexskandalen, Flugzeugabstürzen oder einem durch einen Querschläger getöteten Menschen berichten, von denen sie in den Nachrichten gehört haben. Die »geistig Gesunden« erzählen von den Schlachten, die sie heute geschlagen haben, und den Erfahrungen, die sie dabei errungen haben. Man ertappt sie dabei, wie sie den Objekten ihrer Begierde nachjagen und darüber in einem Ton des natürlichen Enthusiasmus sprechen, der sich von Hoffnungen und Aggressionen nährt wie Säuglinge von der Muttermilch. Wir haben es hier mit Wesen der Natur zu tun, freilich im Stadium der voll entfalteten Moderne.

Die traurige Wahrheit ist, dass man trotz alledem auch weiterhin in ihrer Welt leben will. Es hat jedoch den Anschein, als habe diese Welt sich in einer Weise verändert, die einen selbst zu einem Exilanten macht.

Wie können wir die unendliche Sehnsucht nach immer

weiteren Erfahrungen stillen? Diese Frage stand im Mittelpunkt meines ersten Essays, und ich habe zwei Lösungen vorgeschlagen, die darauf zielen, die Erfahrung auszudehnen und so zu intensivieren: Ästhetizismus und Perfektionismus.[2] Welche Lösungen stehen uns nun angesichts dieser zweiten Krise, dem Wunsch nach der Vermeidung von Erfahrungen, zur Verfügung? Wir finden sie sowohl in der Antike als auch in der Gegenwart, und ich möchte sie als anästhetische Ideologien bezeichnen. Bei ihnen geht es darum, die Reichweite der Erfahrungen zu reduzieren. Sie retten die Erfahrung, indem sie sie abschwächen oder gar abschaffen. Es handelt sich dabei in gewisser Weise um das genaue Gegenteil von Ästhetizismus und Perfektionismus.

Anästhetische Ideologien sind Methoden des Philosophierens und der Praxis, die uns anleiten wollen, nicht länger etwas zu empfinden; oder uns dabei helfen, die Intensität der Erfahrungen zu reduzieren, die wir erleben; oder es uns erlauben, auch in Momenten zu überleben, in

2 Beide Verfahren, der Ästhetizismus und der Perfektionismus, funktionieren so, dass Erfahrungen von einem aktiven Individuum bewusst kontrolliert werden. Der Mensch lernt, eigentlich seltene und damit wertvolle Erfahrungen *bei jeder Gelegenheit* aus *jedem beliebigen Gegenstand* zu ziehen. Der Ästhetizismus lehrt seine Anhänger, in jedem Objekt und in jedem Ereignis einen Moment seltener Schönheit zu finden; Perfektionisten wiederum leiten aus diesen Quellen moralische Urteile über den Beobachter selbst ab. Ästhetizismus und Perfektionismus verwandeln banale oder gar hässliche Dinge in Gegenstände von einzigartigem ästhetischen Interesse oder in Beispiele mit einer Art Moral, die uns zu einer permanenten Transformation, aber auch Wertschätzung für das Selbst ermuntern. Auf diese Weise vervielfältigen sich die Anlässe für Erfahrungen in einer Weise, dass sie uns unablässig zur Verfügung stehen.

denen wir nicht länger leben wollen, und zwar indem sie uns lehren, wie man vorübergehend »stirbt«. Ich verwende das Wort »Ideologien«, weil diese Methoden potenziell ambivalent sind – und zugleich weil der Verdacht, solche Bestrebungen seien in gewisser Weise unmenschlich, durchaus gerechtfertigt sein könnte.

*

Machen wir einen kleinen Rundgang durch die Ruhmeshalle, in der die marmornen Büsten der großen Denker des Abendlands aufgereiht stehen. Gleich am Anfang stoßen wir auf Platon und Aristoteles. Platon hielt Sokrates ein Megafon vor den Mund, und wir erfuhren von den Ideen, davon, dass die Gerechtigkeit ewig und das Gute objektiv ist. Aristoteles wiederum näherte sich der Natur mit dem Sezierbesteck, dem Menschen mit dem Zollstock und systematisierte alle Formen der Materie und des Lebens. Wir lernten, dass der Mensch ein politisches Wesen ist und dass das Gute für ihn darin liegt, sein eigenes Potenzial zu entfalten. In gewisser Weise führte der Weg von Platon notwendig zu seinem Nachfolger und großen Gegenspieler Aristoteles. Gemeinsam vermachten sie uns die abendländische Philosophie als Tradition des Handelns und der Verwirklichung von Potenzialen.

In der Antike gab es allerdings noch andere Philosophenschulen, die mit denen Platons und Aristoteles' um die Vorherrschaft rangen. Von diesen Schulen führt kein direkter Weg in unsere Moderne, die vom Streben nach Erfahrung gekennzeichnet ist. Sie begründeten eine Tradition, in der es umgekehrt gerade darum ging, sich der Stimulation, den Reizen, dem Werden und dem Ehrgeiz zu verweigern. Auch Gefühle und Empfindungen galt es zu vermeiden, man strebte danach, nichts zu fühlen – *Anästhesie*. Ganz am Anfang der abendländischen Philosophie dachte man also bereits über Wege nach, die Erfahrung einzuschränken, und diese Schulen waren einst ebenso wichtig für das westliche Denken wie jene Traditionen, die in unserer Gegenwart die Oberhand gewonnen haben und die wir heute als gesunden Menschenverstand und als Normalität betrachten. Wenn wir heute nach Wegen suchen, der beschriebenen Krise der Erfahrung zu entrinnen, so können diese vergessenen antiken Lehren dabei mindestens genauso hilfreich sein wie jene »östlichen Philosophien«, die für viele Menschen heute den einzigen, allerdings schmalen Weg darstellen, um etwas Abstand zum doch sehr einseitigen westlichen Streben zu gewinnen.

Nicht alle Studenten, die dem Beispiel Sokrates' folgen wollten, traten in Platons Akademie ein. (Meine Darstellung der Zeit nach Sokrates orientiert sich an dieser Stelle an Anthony Arthur Long, dem Doyen der hellenistischen Philosophie.) Einer der frühesten, Diogenes von Sinope, genannt Diogenes der Zyniker, führte das Leben eines Bettlers, hielt das sokratische Beispiel der beleidigenden Rede hoch und lehrte, man müsse sich von Eigentum, Äußerlichkeiten und sozialem Status freimachen und – dies freilich im Gegensatz zu Sokrates – dürfe sich keiner Stadt gegenüber zu Loyalität verpflichtet fühlen.

Für ihn stellte die Philosophie eine Methode dar, mithilfe der Vernunft all jene materiellen Bedürfnisse hinter sich zu lassen, denen die übrigen Menschen sich unterwarfen, und sich so von allen Sorgen zu befreien, von denen die Mitbürger geplagt wurden. Obgleich dieses Streben nach Freiheit von konventionellen Bedürfnissen und somit von allen Ängsten zu einem weltabgewandten Leben führen konnte, ging es eine Verbindung mit dem philosophischen Hedonismus des Aristippos von Kyrene ein, eines direkten Schülers Sokrates'. Der Hedonismus der Kyrenaiker lehrt, dass Lust und Schmerz allen anderen Motiven zugrunde liegen und dass es gilt, nach dieser Einsicht zu leben. Diese Schulen legten somit ein ganz anderes Fundament für die Philosophie als Platon.

In Momenten, in denen ich besonders friedlich und hoffnungsvoll gestimmt bin, denke ich oft, dass Epikur, ein Genie der nächsten Generation antiker Philosophen, vielleicht der perfekte Denker für das Amerika der Gegenwart wäre. Epikur war Hedonist, genau wie wir. Er würde uns jedoch von dem Schmerz befreien, der mit dem unablässigen Streben nach Erfahrung verbunden ist und der darauf zurückgeht, dass wir die seltensten und am schwersten zu erringenden Genüsse irrtümlicherweise für die wertvollsten halten. Epikur erreichte noch zu Lebzeiten Aristoteles' das Mannesalter, begann jedoch, eine vollkommen andere Lehre zu verbreiten: Zwar sei die Lust der Zweck des Lebens, Lust definierte er jedoch als Abwesenheit des Schmerzes: »Dann nämlich bedürfen wir der Lust, wenn uns die Abwesenheit der Lust schmerzt. Wenn uns aber nichts schmerzt, dann bedürfen wir der Lust nicht mehr.«[3] Das Ideal der Epikureer war die *Ataraxie*, was so viel heißt wie Unerschütterlichkeit oder Seelenruhe. Diese Unerschütterlichkeit konnte man nicht erreichen, indem man starke Erfahrungen vermied –

3 Epikur, *Brief an Menoikeus*, in: ders., *Von der Überwindung der Furcht. Katechismus, Lehrbriefe, Spruchsammlung, Fragmente*, eingeleitet und übertragen von Olof Gigon, Artemis & Winkler 1949, S. 47.

der Schmerz würde einen heimsuchen, ob man wollte oder nicht –, sondern nur indem man lernte, richtig mit unvermeidlichen Erfahrungen umzugehen. Vergnügen, die einem begegnen, ohne dass man sie bewusst gesucht hätte – ein üppiges Mal oder eine Liebesnacht –, gilt es nach Epikur nicht als solche zu verschmähen. Das Problem bei solchen positiven Lustempfindungen ist jedoch, dass »sich für uns aus ihnen ein Übermaß an Lästigem ergibt«.[4] Verschwenderische Genüsse verstricken den Menschen in Unsicherheit und Schmerz – man weiß nicht, ob man sie noch einmal erleben wird oder wie man sie aufrechterhalten kann. Wenn das Vermeiden von Schmerz Vorrang vor dem Streben nach positiver Lust hat, wird die »Beruhigtheit der Seele« zur »Erfüllung des seligen Lebens«.[5]

»[Das] Naturgemäße [ist] leicht, das Sinnlose aber schwer zu beschaffen [...], und [...] bescheidene Suppen [erzeugen] ebensoviel Lust [...] wie ein üppiges Mahl, sowie einmal aller schmerzende Mangel beseitigt ist [...]. Wenn wir also sagen, daß die Lust das Lebensziel sei, so meinen wir nicht die Lüste der Schlemmer und das bloße Genießen, wie einige aus Unkenntnis und weil sie mit uns nicht übereinstimmen oder weil sie uns mißverstehen, meinen, sondern wir verstehen darunter, weder Schmerz im Körper noch Beunruhigung in der Seele zu empfinden.«[6]

»Um dessentwillen tun wir [Epikureer] nämlich alles«, schreibt der Gründer dieser Schule, »damit wir weder Schmerz noch Verwirrung empfinden.«[7] Am Rande

4 Ebd.
5 Ebd., S. 46.
6 Ebd., S. 47f.
7 Ebd., S. 47.

Athens begründete Epikur eine Gartenkolonie, in der seine Freunde und Schüler wohnten, unter denen, darauf weist der Gelehrte D. S. Hutchinson hin, sich auch Hausdiener und Frauen befanden, die dieselben Rechte und Pflichten hatten wie die Männer – ein Zustand, welcher der übrigen athenischen Gesellschaft als skandalös erscheinen musste. In dieser Enklave lebten sie in Frieden und vollkommener Ruhe. Stand ihnen der Sinn nach einem kleinen Genuss, so tranken sie Wasser mit einem Schuss Wein, und wer Epikur zu einer verschwenderischen Freude verhelfen wollte, den bat er, man möge ihm ein Töpfchen Käse schicken. Worauf es wirklich ankam, war die Freundschaft. Denn die Freunde erinnerten einander daran, dass die wahre Glückseligkeit in der Freiheit von Angst bestand, dass der Tod keine Bedeutung hatte und jeder Schmerz ertragen werden konnte. Sie mühten sich, allen Verlockungen zu widerstehen, alle Störungen zu vermeiden und so einen sanften Sieg über die starken Erfahrungen zu erringen.

*

Wenn ich jedoch in weniger ausgeglichener, ja ungnädigerer Stimmung über meine Landsleute nachdenke, die im Verborgenen leiden, so kommt mir die weitaus härtere anästhetische Lehre der spätrömischen Stoiker in den Sinn. Als Ort existierte die Stoa in Athen schon zu Zeiten des Epikur, es handelte sich um einen Ort des Lernens und der Konversation, vergleichbar der Akademie, dem Garten der Epikureer oder dem Lykeion des Aristoteles. Als philosophische Lehre scheint der Stoizismus seine emphatischste und dauerhafteste Ausprägung erst viele Generationen später gefunden zu haben. Wer diese Lehre in ihrer reinsten und zugleich endgültigen Form kennenlernen will, sollte sich Epiktet zuwenden. Epiktet lebte wesentlich später als seine griechischen Vorläufer, und seine Biografie ist weit besser dokumentiert. Die Gewalt der Rhetorik Epiktets hat dabei durchaus etwas Kräftigendes. Wir sollen nicht nur lernen, uns mit Küchlein aus Gerstenmehl und verdünntem Wein zu begnügen, nein: Es gilt vielmehr, die Erfahrungen als solche mit Stumpf und Stiel auszurotten. Wenn wir das geschafft haben, kann uns nichts etwas anhaben: weder die verschwenderischsten Genüsse noch die härtesten Schläge des Schicksals.

Wo es um die Methoden geht, mit denen wir unsere Bedürfnisse kontrollieren können, unterscheidet sich das System der Stoiker nicht groß von dem der Epikureer. Wir sollen uns unempfänglich machen für das Gefühl der Lust, weil das Bewusstsein nur so die Erfahrung zu disziplinieren vermag. In der Spielart Epiktets lehrt der Stoizismus, dass es gilt, die Welt in zwei Kategorien von Phänomenen aufzuteilen: Dinge, die man selbst beeinflussen kann, und Dinge, die sich dem eigenen Einfluss entziehen. Sobald dies geschafft ist, muss der Mensch nur noch lernen, sein Begehren und seine Abneigung so zu steuern, dass er niemals etwas begehrt, dem er nicht gewachsen ist oder das er nicht kontrollieren kann, und dass er niemals Abneigung gegen etwas entwickelt, das er ohnehin nicht beeinflussen kann. Zu den Dingen, die sich unserem Einfluss entziehen und an die wir unser Streben demnach nicht heften sollen, zählen Ehrungen, Naturereignisse, die Gedanken, das Verhalten und die Reaktionen anderer Menschen sowie alle positiven Empfindungen, die mit dem eigenen Körper zu tun haben. Zu den Dingen wiederum, die es ungerührt hinzunehmen gilt, zählen Krankheiten, Todesfälle sowie alle unangenehmen oder schmerzhaften Empfindungen. Der Stoiker mag vor Schmerzen stöhnen, er darf sich darum jedoch nicht wirklich kümmern. All diese Dinge liegen in der Hand der Natur, nicht in der unseren.

»Bei allem, was dir Freude macht, was dir nützlich ist oder was du gern hast, denke daran, dir immer wieder zu sagen, was es eigentlich ist. Fang bei den unbedeutendsten Dingen an. Wenn du zum Beispiel an einem Topf hängst, dann sage dir: ›Es ist ein einfacher Topf, an dem ich hänge.‹ Dann wirst du dich nämlich nicht aufregen, wenn er zerbricht. Wenn du dein Kind oder deine Frau küßt, dann sage dir: ›Es ist ein Mensch, den du küßt.‹ Dann wirst du deine Fassung nicht verlieren, wenn er stirbt.‹«[8]

Das Leben, gibt Epiktet an einer Stelle zu verstehen, ähnele einer Reise nach Olympia. Man reist dorthin – nun, weil eben alle anderen auch dorthin reisen. Aber man muss sich darauf einstellen, dass es dort unerträglich sein wird: »Leidet ihr da nicht unter der Hitze? Herrscht dort nicht ein furchtbares Gedränge? Müßt ihr euch da nicht unter primitiven Verhältnissen waschen? […] Seid ihr nicht Lärm, Geschrei und anderen Unannehmlichkeiten in Hülle und Fülle ausgesetzt?« All dies wird man achselzuckend hinnehmen. »Und was kümmert mich das, was mir noch passieren kann, wenn ich über Seelengröße verfüge?«[9]

Nur in eine Sache soll der Stoiker Emotionen investie-

8 Epiktet, *Handbuch der Moral*, in: ders./Teles/Musonius, *Ausgewählte Schriften*, Griechisch – Deutsch, herausgegeben und übersetzt von Rainer Nickel, Artemis & Winkler 1994, S. 13 (Epikt. ench. 3).
9 Epiktet, *Lehrgespräche*, in: ebd., S. 297-299 (Epikt. diatr. 1,6).

ren: in seine eigene Urteilskraft und Willensstärke, da sich daran die »Seelengröße« entscheidet. Er wird stolz sein, wenn es ihm gelingt, seine Entscheidungen sowie sein Begehren und seine Abneigungen zu kontrollieren. Missvergnügen hingegen wird es ihm bereiten, wenn er darin vorübergehend scheitert. Die stoische Vernunft macht den Menschen zum absoluten Herrscher über sein Urteilen; sie löscht alles Schlechte aus und lässt die Konturen des wahrhaft Guten umso klarer hervortreten: des rechten Gebrauchs des Urteilsvermögens.

Die stoische Weigerung, unmittelbaren Erfahrungen irgendeine Bedeutung zuzuschreiben, abgesehen von den Urteilen, die man selbst darüber trifft, macht diese Schule zu einer wirklich anästhetischen Ideologie. Es geht um den Willen, die eigenen Erfahrungen zu kontrollieren und ihre Auswirkungen auf ein Minimum zu reduzieren. Erfahrungen sollen keine Rolle spielen – abgesehen von der Erfahrung, die man macht, wenn man alle Erfahrungen diszipliniert beherrscht. Das stoische Ideal schlechthin ist die *Apathie*, es gilt, alle Leidenschaften und Gefühle hinter sich zu lassen; der Stoiker macht sich jedoch aus genau dem Grund frei von den Sorgen der anderen, weil er dann sorgenfrei das tun kann, was alle anderen ohnehin auch tun. Auf diese Weise wurde der Stoizismus zu einer militanten Lehre, weil die Stoiker in einer Welt weiterleben mussten, die sie doch eigentlich verleugneten. »Bemühe dich daher«, lehrt Epiktet, »jedem unangenehmen Eindruck sofort mit den Worten zu begegnen: ›Du bist nur ein Eindruck, und ganz und gar nicht das, was du zu sein scheinst.‹«[10]

10 Epiktet, *Handbuch der Moral*, in: ebd., S. 11 (Epikt. ench. 1,4).

Das bedeutet nicht nur, dass es gilt, allen Sinneseindrücken zu misstrauen; es gilt darüber hinaus, sie niemals zu ästhetisieren oder mit Sinn aufzuladen. Es handelt sich schließlich um nichts anderes als das Zusammentreffen zufälliger Ereignisse, die man unter keinen Umständen mit einer Aura versehen oder in ein Narrativ einbetten darf, an das man sich erinnert oder mit dem man sich emotional auseinandersetzt. Aus diesem Grund lehnte Epiktet alle Tragödien und Epen, in denen es um starke Gefühle ging, strikt ab. Was für ein Mensch lässt sich schon von Leidenschaft und Erfahrung übers Ohr hauen, und sagt dabei: »Wehe mir«?

»Denn was sind Tragödien anderes als in dieser poetischen Form dargestellte Leidensgeschichten von Menschen, die die äußeren Dinge bewundert haben? Wenn nämlich irgendjemand durch eine Täuschung [d. h. hier eine fiktive Erzählung] dazu gebracht würde zu lernen, dass uns keines der äußeren und unserer Entscheidung unzugänglichen Dinge betrifft, dann würde ich zwar diese Täuschung hinnehmen, durch die ich glücklich und ungestört leben könnte [...]«[11]

Doch dann – und das ist typisch für Epiktet – verlässt er die Frage der Tragödie und anderer Dramen, und weist seine Schüler an, ihre eigenen Entscheidungen zu treffen und diesen zu folgen: »[I]hr aber werdet selbst sehen, wofür ihr euch entscheiden wollt.«

Der Epikureismus und der Stoizismus überlebten, ja sie waren sogar für einige Jahrhunderte die vorherrschende Lehre, während der Platonismus und der Aristotelismus

11 Epiktet, *Lehrgespräche* (Epikt. diatr. 1,6,26-29), für den vorliegenden Band übersetzt von Rainer Nickel.

vorübergehend an Bedeutung einbüßten. Heute jedoch liegt die Erinnerung an diese anästhetischen Lehren unter einer dicken Schicht Staub begraben. Wir ignorieren sie weitgehend, und ihre großen Vordenker reihen sich ein unter jene Hunderte vergessener Philosophen, die zwischen der Antike und der Moderne stehen.

*

In meinem früheren Essay habe ich einige Methoden erörtert, mit deren Hilfe wir besonders wichtige Erfahrungen sammeln: Drogen und Alkohol, Sex und Reisen. Ich wies darauf hin, dass diese Methoden einerseits unzuverlässig sind und dass sie andererseits selbst zu unserer existenziellen Unzufriedenheit beitragen, da sie in uns das Bedürfnis wecken, permanent weiteren Erfahrungen nachzujagen.

Je länger ich darüber nachdenke, desto überzeugender erscheint mir der Gedanke, dass die Wege, mittels derer wir heute unabhängig von den wirklich anästhetischen Ideologien – also etwa den Lebensphilosophien der Epikureer und der Stoiker – Erfahrungen suchen, selbst einen anästhetischen Zug aufweisen; etwas, das dafür sorgt, dass diese Aktivitäten zugleich der Mäßigung als auch dem Sammeln und der Intensivierung von Erfahrungen dienen. Anders ausgedrückt: Moderne Lösungen für das Problem der Unerträglichkeit der Erfahrung haben die Tendenz umzukippen; sie oszillieren zwischen dem *Schutz* vor den allzu schmerzhaften Erfahrungen, die spätmoderne Ökonomien für uns bereithalten, und *Anpassungen* an eben diese Ökonomien, Anpassungen allerdings, die immer weitere Lebensbereiche in ihren Sog gelangen lassen.

Nehmen wir Drogen und Alkohol. Beide haben ganz

offensichtlich auch einen anästhetischen Effekt. Seinen Kummer im Alkohol zu ertränken, gilt ganz allgemein als einfachste und billigste Methode, der Erfahrung zu entfliehen. Whiskey ist nach wie vor ein ausgezeichnetes Schmerzmittel, auch wenn er nicht länger zu therapeutischen Zwecken eingesetzt wird. Man beginnt zu trinken, weil man Spaß haben und Erfahrungen sammeln will. Am Ende hat man dann aber einen Kater oder muss zu den Anonymen Alkoholikern. Alkohol ermöglicht uns also Erfahrungen; gleichzeitig bringt er uns aber möglicherweise in blöde Situationen, in denen wir Erfahrungen machen, die wir dann wieder mit Alkohol bekämpfen müssen.

Er ist die Ursache problematischer Erfahrungen und zugleich eine Reaktion auf Probleme mit der Erfahrung. Wenn wir sagen, der Alkohol habe nicht funktioniert – was heißt das dann genau? Dass wir ein Leben voller Spaß wollten, ein permanentes High, und dass das nicht geklappt hat? Oder dass er uns doch kein anästhetisches Leben ermöglicht hat, geschützt und abgeschottet von der Welt?

Oder nehmen wir jene Figuren, denen wir typischerweise in der Highschool, auf dem College oder in den Jahren unmittelbar danach begegnen – die »Kiffer«. Was wohl aus ihnen geworden sein mag? Vermutlich kann man nur als Schüler sein Dasein ungestraft auf diese Weise fristen. Während der Schulzeit kam mir diese Lebensweise auf jeden Fall enorm plausibel vor, die Kiffer wirkten wie Kreaturen, die die richtige ökologische Nische gefunden hatten. Sie standen morgens auf, rauchten eine Bong, ließen tagsüber ein paar Joints herumgehen und nahmen alles (den Unterricht, soziale Interaktionen) durch einen anästhetischen Schleier wahr, der das Erlebte nicht zu Erfahrung werden ließ, aber auch nicht zu etwas Positivem wie »Spaß«. Abends rauchten sie dann noch eine Gutenacht-Bong, und am nächsten Tag ging alles wieder von vorne los. So stellte ich mir damals ein Leben in der Anti-Erfahrung vor, mit physischer Abhängigkeit hatte das alles wenig zu tun. Kein Zweifel: Die Nostalgie für eine Existenzweise, deren prinzipielle Möglichkeit – zumindest für einige kurze Jahre – die Kiffer bewiesen, hat etwas Kurzsichtiges an sich. Man kann sich eigentlich nicht vorstellen, dass so etwas auf Dauer gut gehen kann. Doch wenn er so dasaß, der Kiffer, gehüllt ihn süßlich duftenden Rauch, dann hatte das etwas Symptomatisches: Er wirkte dann nicht wie ein Abenteurer, sondern wie ein Symbol für eine ganz reale Reaktion auf etwas, für das wir noch keinen passenden Namen gefunden haben.

Die kleine Gruppe von Menschen, die sich für die Legalisierung von Marihuana einsetzen (ironischerweise können daraus sogar Marihuana-»Aktivisten« werden), konzentriert sich mittlerweile vordergründig auf ein anderes Thema: die Anerkennung dieser Substanz als wirksames therapeutisches Mittel, als Anästhetikum für Krebspatienten oder todkranke Menschen. Das liegt daran, dass dies der einzige Weg ist, den Einsatz von Marihuana in einer Welt zu rechtfertigen, in der das Sammeln von Erfahrungen für die meisten zum alles bestimmenden Lebensinhalt geworden ist: Dass man das Übel des *körperlichen* Schmerzes bekämpfen muss, leuchtet den Menschen ein; doch dass ein gesunder Mensch das Benebelt-Sein einem Zustand der Klarheit vorziehen könnte, klingt für die Mehrheit abstrus.

Sex bzw. all die Dinge, die wir anstellen, um Sex zu

haben, sind ebenfalls ein gutes Beispiel für die Ambivalenz vieler Methoden des Erfahrungssammelns. Einerseits gilt Sex in unserer Kultur als einer der Königswege zu reichen Erfahrungen; andererseits – und darüber wird selten gesprochen – hat Sex auch etwas Repetitives und damit Beruhigendes. Explizit wird letztere Alternative nur im Zusammenhang mit der Ehe thematisiert: Monogamie, die Wiederholung der sexuellen Erfahrung mit ein und demselben Partner, ein Akt der Liebe, der zugleich etwas Tröstendes hat. Der eheliche Liebesakt wiederholt sich, er verändert sich kaum, und er muss sich auch nur dann ändern, wenn die Partner sich dazu bewusst entscheiden. Diese Form der Monogamie ist nicht im eigentlichen Sinne anästhetisch, immerhin hat sie jedoch mit der Verweigerung neuer Erfahrungen zu tun. Abgesehen von dieser Ausnahme, lautet die kulturelle Vorgabe in unserer erfahrungshungrigen Welt allerdings, dass man nie zweimal nacheinander mit derselben Person ins Bett gehen und dass man möglichst bei jedem Geschlechtsakt etwas Neues ausprobieren soll. Entweder man findet immer wieder andere Partner (oder besser: Helfer), oder der jeweilige Partner verändert sich permanent in eine immer wieder neue Person, mit der man Erfahrungen teilen kann. Unsere Kultur ist auf allen Ebenen ihrer narrativen Struktur pornografisch geworden: Obwohl das menschliche Bewusstsein auf Wiederholung programmiert scheint und obwohl wir das Vertraute oft instinktiv bevorzugen, sind wir doch nie mit einer Erfahrung zufrieden, wir streben immer nach der nächsten, die noch stärker, noch neuartiger, noch extremer sein soll. Das steckt vermutlich auch hinter dem karnevalistischen Ritual des Datings: Wir tauschen einen Partner gegen den nächsten und genießen serielle Momente anonymer Intimität. Doch selbst jene Augenblicke, in denen irgendeine andere Person uns körperlich nahe ist, erleben wir als tröstlich, in gewisser Weise haben sie sogar eine anästhetische Wirkung: Worauf es in diesen vergänglichen Episoden ankommt, sind nicht nur die Ereignisse, die wir nacherzählen können, sondern auch die leisen, flüchtigen Momente des Sich-gemeinsam-Vergessens.

Wenn es darum geht, der allzu aufdringlichen Erfahrung zu entfliehen, gibt es natürlich sehr viel besser organisierte Wege – nicht naive Wege, sondern moderne Ideologien. Eine dieser modernen Ideologien ist jene Bewegung, die sich das einfache Leben, auch Downshifting genannt, auf die Fahnen geschrieben hat. Diese Bewegung widmet sich ganz bewusst dem Ziel, die Anzahl der Gegenstände zu reduzieren, dir wir besitzen, um die Erfahrung zu entschlacken. Wir sollen herausfinden, welche Erfahrungen aus dem Wust an unterschiedlichen Optionen wirklich einem echten Bedürfnis entsprechen. Es gilt, unseren Drang, immer mehr Gegenstände anzusammeln, zu zügeln, um sich auf einige tatsächlich unverzichtbare Dinge zu konzentrieren. Als Novize lernt man zunächst, den Kleiderschrank auszumisten und nur die wirklich nützlichen Klamotten zu behalten; dann soll man sich von möglichst vielen Freunden und Bekannten verabschieden, um Zeit mit den wenigen Menschen zu verbringen, die einem wichtig sind; anschließend lernt man, Nachrichten aus fernen Ländern zu ignorieren und sich für die kleinen Ereignisse in der unmittelbaren Umgebung zu interessieren. Hat man einmal das Fortgeschrittenenstadium erreicht, trennt man sich erst von einem der beiden Autos, dann auch vom zweiten; man sucht sich ein kleineres Haus, einen weniger anstrengenden Job und damit im Endeffekt eine geringere Anzahl von Erfahrungen, die jedoch viel intensiver sind und sich leichter kontrollieren lassen. Bei dieser Ideologie geht es, streng genommen, nicht ausschließlich darum, sich der Erfahrung zu verweigern, sondern auch darum, die verbleibenden Erfahrungen zu reinigen.

Insofern hat also auch die Bewegung der freiwilligen Einfachheit immer dann, wenn sich ihr die Menschen nicht explizit anschließen, um der Erfahrungsüberflutung und den medialen sowie realen Dramen zu entgehen, die Tendenz, ins andere Extrem zu verfallen. Sie stellt sich dann in den Dienst einer Ästhetik der lebhafteren, reineren und verbesserten Erfahrung. Es geht nicht länger um weniger, sondern um perfektere, ideale, ja sogar um *neue* Klamotten. Das ist die Marktnische von Hochglanzmagazinen wie *Real Simple*, Publikationen für Menschen, die bewusst die Abwechslung unterschiedlicher einfacher Dinge suchen, die ihre Wohnungen in »einfacheren« Farbtönen (Eierschale, Porzellan, helle Pastelltöne) umdekorieren wollen, anstatt sich mit weniger Gegenständen zufriedenzugeben oder gar die alten, leicht verfügbaren, möglicherweise hässlichen zu akzeptieren, die schon lange da sind und dadurch weit weniger neu und aufdringlich wirken.

Die organisierte spirituelle Lehre, die vermutlich für die größte Anzahl von Amerikanern von anästhetischem Nutzen sein könnte, dürfte allerdings der Buddhismus sein. Doch überraschenderweise ist die Zahl seiner Anhänger nach wie vor überschaubar. Der Buddhismus ist sozusagen das Original, eine uralte Lehre, auch wenn es bisweilen recht kompliziert sein mag, sie für unsere heutigen Zwecke zu übersetzen. Zumindest in der Variante, in der sie mir häufig erklärt wird, erinnert mich die Idee der

»Nicht-Anhaftung« dabei stark an die Unerschütterlichkeit der Epikureer oder an das stoische Ideal der Apathie. Und je häufiger ich den Begriff »Achtsamkeit« höre, desto größere Parallelen erkenne ich zu den Konzepten des Ästhetizismus bzw. des Perfektionismus. Im Gegensatz zu diesen hat der Buddhismus die »Achtsamkeit« jedoch von den Anforderungen der spezialisierten Kennerschaft und der moralischen Selbsterkundung befreit, die Aufmerksamkeit richtet sich nun auf den eigenen Körper (auf die Atmung, auf grundlegende Sinneswahrnehmungen usw.), so dass sich die Lehre an dieser Stelle in einen Hybrid aus Ästhetizismus und Seelenruhe verwandelt. Buddhisten werden nun zu Recht darauf hinweisen, dass ihre Praktiken viel älter sind und nicht mit antiken oder modernen Lehren in einen Topf geworfen werden sollten. (Da ich selbst kein Buddhist bin, kann ich das nicht wirklich beurteilen.) Wenn man sich jedoch die amerikanisierte Version des Buddhismus genauer ankuckt, wenn man die entsprechenden Bücher, Flugblätter, Kassetten oder Vorträge analysiert, so fällt einem auf, wie viele unterschiedliche Methoden und Ziele hier vermischt werden. Haben wir es hier einfach mit einer Vielzahl heterogener Sekten zu tun, die außer dem Namen kaum etwas gemeinsam haben? Oder sind wir einmal mehr mit jener ewigen Janusköpfigkeit konfrontiert, die alle möglichen Selbsttherapien kennzeichnet, die in Amerika praktiziert werden? Ein Konzept wie jenes der Achtsamkeit kann für einige einen Weg darstellen, Erfahrungen abzumildern, während andere es nutzen, um mehr und intensivere Erlebnisse zu sammeln; einen Weg, um vorübergehend aus der Gesellschaft auszusteigen, zugleich aber auch eine Methode, die anderen zu überholen; einige sehen darin eine

Möglichkeit, mit sozialen Konventionen zu brechen, anderen hingegen hilft es dabei, sich an konventionelle Anforderungen anzupassen und Reibungen zu vermeiden. Die Sache verhält sich ähnlich wie beim Yoga, das schon vor langer Zeit in die USA importiert wurde: Manche Anhänger erkennen darin ein zusammenhängendes System der Lehren, des Wissens und der Hingabe; für andere ist es schlicht eine Form des Fitnesstrainings, das sie ausüben, weil sie abnehmen oder ihren Muskeltonus verbessern wollen.

Eine weitere Alternative zum spätmodernen Erfahrungshunger scheinen die diversen New-Age-Kulte zu bieten. Was mich dabei immer wieder überrascht, ist der Umstand, dass uns diese Erlösungsbotschaften auffallend häufig von Aliens überbracht werden: von Außerirdischen, von Wesen der fünften Dimension, von Angehörigen ozeanischer Stämme, die sich dort unten in ihrem blubbernden Atlantis von vielfach gebrochenem bläulichen Licht erleuchten lassen und uralte Wahrheiten für uns bereithalten. Ich nehme an, dass es sich bei diesen Fantasiearchaismen und interstellaren Offenbarungen letztlich um nichts anderes als eine Spielart unserer bekannten Begeisterung für alles Orientalische und der Idee handelt, dass sich die Wahrheit am Morgen offenbart, nicht am Abend, den unsere Zivilisation mittlerweile erreicht hat. Und wenn ich ehrlich bin, folgt diesem Prinzip vermutlich auch mein eigener Wunsch, anästhetische Lehren im Herzen der abendländischen Kultur selbst zu entdecken, im Kreis von Sandalen tragenden Epikureern und Stoikern, deren komplizierte Lehren ich mir mutwillig für meine eigenen Zwecke zurechtbiege. Wir können nur schlecht unsere eigenen Ratschläge annehmen, also nehmen wir die Ratschläge von Männern und Frauen mit sehr befremdlichen Gepflogenheiten an. Je merkwürdiger und fremder sie klingen, desto besser – so entfremdet fühlen wir uns mittlerweile von unseren Zeitgenossen, die überhaupt nicht zu verstehen scheinen, wo denn eigentlich das Problem liegt.

All diese Ideologien sind natürlich dem Leid auf jenem Feld vorzuziehen, auf dem der unfreiwillige Verzicht auf Erfahrung heute wohl die größte Rolle spielt: dem der Depression mit ihren Symptomen der Lustlosigkeit, der Antriebslosigkeit und der Gleichgültigkeit. Von Menschen, die an eher leichten Depressionen leiden, hören wir oft, ihre Krankheit sei eine logische und nachvollziehbare Reaktion angesichts einer Umwelt, die uns alle mit Erfahrungen und Anforderungen geradezu bombardiert. (Wir neigen bisweilen dazu, diesen Leuten zu unterstellen, dass sie ihre individuellen Probleme zu sozialen aufblasen.) Aus dem entgegengesetzten Blickwinkel und mit weitaus größerer Glaubhaftigkeit erklären uns die von schweren Depressionen Betroffenen, ihr Leiden stelle keine logische oder nachvollziehbare Reaktion auf irgendetwas dar, weil die Negation der Erfahrung, die damit einhergeht, viel schlimmer sei als alles, was ein Mensch jemals aus Gründen des Selbstschutzes auf sich nehmen würde. Depressionen schützen das Selbst vor gar nichts, vielmehr legen sie den Betroffenen den Wunsch zu sterben nahe. Wir haben es hier mit einem so extremen Zustand zu tun, dass man meinen könnte, er entzöge sich dem Zugriff kulturwissenschaftlicher Analysen. Allerdings habe ich oben bereits darauf hingewiesen, dass es bei anästhetischen Ideologien immer auch darum geht zu lernen, vorübergehend zu sterben – oder besser: sich kurzzeitig in einen todesähnlichen Zustand der Unempfindlichkeit zu versetzen. Es ist schwer, etwas über Depressionen zu sagen, ohne dabei auf eine Ebene der Verallgemeinerung zu geraten, die dem Einzelfall nicht länger gerecht werden kann. Daher nur so viel: Wenn wir zeitgleich den Aufstieg einer Ideologie, die Erfahrungen als alleinigen Weg zum Glück anpreist, und eine stetige Zunahme der Depression beobachten können, deren Opfer enttäuscht feststellen, dass ihr Leben keineswegs so voller Glück ist, wie sie es erwartet hatten, dann gibt es hier vielleicht auch einen kausalen Zusammenhang. Möglicherweise deutet diese Gleichzeitigkeit darauf hin, dass das Bewusstsein und der Körper in dem Moment, in dem Menschen die Intensität der Erfahrungen – aus welchen Gründen auch immer – nicht länger ertragen, auf *unideologische* Weise ein Problem zu lösen versuchen, dem man eigentlich nur mit einem System von Praktiken und Ideologien begegnen kann.

*

Wir leben nicht unbedingt in einem Zeitalter der schönen Künste. Der Roman, das Theater oder die symphonische Musik spielen heute keine allzu große Rolle. Kunstgattungen, die als Ergebnis ehrwürdiger Traditionen immer wieder neue Blüten hervorbrachten (Oper, Ballett, Malerei, Lyrik), interessieren heute gerade mal eine Handvoll Menschen.

Trotz alledem leben wir in einem ästhetischen Zeitalter, in einer Ära des totalen »Designs«, für die es historisch keine Vorbilder gibt. Das Aussehen und die Haptik einmal designter Dinge werden permanent redesignt, um unser ästhetisches Empfinden zu befriedigen und unser Interesse zu wecken. Das Design, das potenziell die ganze

Welt überziehen und durchdringen kann, hat die Kunst überflügelt, von deren individuellen Objekten man erwartete, dass sie sich voneinander unterschieden, und die einer Sphäre jenseits des Alltäglichen angesiedelt waren.

Ich möchte mich an dieser Stelle auf eine bestimmte Kunstform konzentrieren – auf Erzählungen. Ist es nicht bemerkenswert, dass immer noch und immer mehr fiktive Geschichten erzählt und Fakten in fiktionaler Form präsentiert werden? Weil wir uns daran gewöhnt haben, all diese Erzählungen nach Gattungen, Medien und Übertragungswegen zu differenzieren, übersehen wir bisweilen, wie viel es davon gibt und wie nahtlos sie ineinander übergehen. Mir scheint, dass es sich bei dem Krimi, in dem ein Verbrecher erschossen wird, der Fernsehserie, in der Ärzte ein Herz zurück ins Leben massieren, bei dem Nachrichtenbeitrag, in dem Gotteskrieger eine Geisel köpfen, und bei der Human-Interest-Sendung, in der man einem Kind seinen größten Wunsch (eine Reise oder etwas in der Art) erfüllt, um ein und dieselbe Gattung handelt, wenn man die Sache einmal aus einem sehr allgemeinen Blickwinkel betrachtet. In all diesen Fällen haben wir es mit Repräsentationen starker Erfahrungen zu tun, die sich immer weiter vervielfältigen, bis sie in unserer Wahrnehmung zu einem großen Einheitsbrei verschwimmen, selbst wenn wir eigentlich alle möglichen Namen und Kategorien kennen, um sie zu unterscheiden. Oft heißt es, wir würden uns gerne verfilmte Erfahrungen ansehen, weil wir das als aufregend oder interessant empfinden. Solange sich diese Aussage auf Einzelfälle bezieht, auf einzelne Filme oder Serien, ist sie durchaus richtig. Die großen Fernsehspiele oder Kinofilme führen uns angeblich unsere eigenen kleinen Dramen vor Augen: Genau wie die Chirurgen in *Emergency Room* muss auch ich eilige Aufgaben erfüllen. Genau wie der Detektiv muss auch ich Rätsel lösen. Angenommen, man würde jeden Monat nur eine einzige 60-minütige Fernsehsendung kucken, empfände man die dargestellte Erfahrung sicher als besonders intensiv. Und wenn man nur einmal im Monat Zeitung lesen oder die Nachrichten anschalten würde, so wäre dies sicher eine starke und vermutlich qualvolle Erfahrung. Doch seit das Fernsehen Einzug in jedes Wohnzimmer gehalten hat, sehen die wenigsten Menschen lediglich einen Film in der Woche oder im Monat. Und sie lesen nicht nur eine Zeitung oder Zeitschrift, sondern mehrere davon, und zwar nahezu rund um die Uhr. Die Zeitungsseite war dabei immer schon ein Rahmen, der ganz unterschiedliche und inkommensurable Katastrophen aufnehmen konnte. Wir lesen jedoch nicht länger eine einzelne Seite, sondern viele davon, und gleichzeitig sehen wir auch noch fern oder surfen im Internet. Die Medien, über die Erzählungen verbreitet werden, haben sich nicht gegenseitig verdrängt, sondern sie wurden immer mehr. Es ist nicht so, dass die Zeitung vom Film, der Film vom Radio, das Radio vom Fernsehen und das Fernsehen vom Internet abgelöst worden wäre. Sie existieren gleichzeitig, wir begegnen ihnen an immer mehr Orten, und es gibt immer größere Überschneidungen, was die Stimmung, die Charaktere oder die Inhalte betrifft. Alle Behauptungen, wonach die fiktionalen Gattungen dazu da sind, um uns zu erregen, abzulenken oder zu unterhalten, klingen heute so wenig überzeugend und relevant wie jene, nach denen die Nachrichten uns zu gebildeten, wohlinformierten und verantwortungsbewussten Menschen machen. Das hat damit zu tun, dass ihnen unausgesprochen die Vorstellung zugrunde liegt, dass wir uns zu bestimmten Anlässen in überschaubaren Dosen auf einzelne Sendungen konzentrieren. Doch im Zeitalter der totalen, der geschlossenen ästhetischen Umgebungen ist der Einzelfall praktisch bedeutungslos angesichts der Gesamtheit der Repräsentationen, mit denen wir konfrontiert sind. Ein einzelner Fernsehfilm mag tatsächlich aufregend sein, weil er besonders starke Erfahrungen transportiert (Liebe, Sex, Gewalt usw.); doch von der Summe aller Filme und Serien, die uns vom Fernsehen serviert werden, wird kaum jemand behaupten, sie sei sonderlich aufregend – im Gegenteil. Jeder TV-Junkie kann bestätigen, dass Fernsehen beruhigend wirkt, wenn man es über längere Strecken hinweg konsumiert.

Genau das ist das Paradoxe: Ab einer gewissen Dosis wirken medial vermittelte starke Erfahrungen beruhigend, man gerät dann in jenen Zustand des Losgelassen-Habens, den wir von Menschen kennen, die absichtlich auf dem Fernsehsofa vor sich hin vegetieren. Ganz entspannt und heiter sitzen sie da, während das Blut der Verbrecher an die Wände spritzt, während der Muskel in den Händen der Chirurgen pulsiert und die Geisel immer und immer wieder enthauptet wird – und zwar parallel auf mehreren konkurrierenden Nachrichtensendern, die nicht länger im Minuten-, sondern im Sekundentakt zu berichten versprechen, und doch nur alle die gleichen Bilder zeigen. Wer ein Leben lang fernsieht, wird zudem ein und dieselbe Geschichte immer wieder aufs Neue zu Gesicht bekommen, mit neuen Dialogen, anderen Schauspielern, in anderen Genres, fiktiv oder real. Die Suche nach irgendetwas Aufregendem wird da wohl kaum der Grund sein, weshalb man den Fernseher einschaltet.

Es scheint, als hätten die Nachrichten lange Zeit eine Ausnahme von der eben formulierten Regel dargestellt. Die meisten Menschen würden mir wohl zunächst einmal darin zustimmen, dass die großen Shows und Spielfilme, die zur besten Sendezeit ausgestrahlt werden, vor allem der Entspannung dienen, während die Nachrichten dem Ernst des Lebens und der Wahrheit verpflichtet sind. Aber hatten die Nachrichten – wenn man genauer darüber nachdenkt – nicht ebenfalls schon immer eine beruhigende Wirkung? Warum würde man sich sonst um zehn oder halb elf die Spätnachrichten ansehen, so wie andere Menschen eine Schlaftablette nehmen oder warme Milch schlürfen? Warum würde man sonst parallel zum Abendessen die Sechs-Uhr-Nachrichten verfolgen, die oft noch »ernster«, ja brutaler sind? Wir wissen doch, dass Hunger und Müdigkeit sofort nachlassen, wenn wir etwas wirklich Beunruhigendes erleben.

Im Zuge des Aufstiegs der 24-Stunden-Infokanäle wurden die Nachrichten zum eigentlichen Kern und zum repräsentativsten Beispiel für die totale Ästhetisierung unserer Umwelt. Diese Sender tun nicht einmal mehr so, als könnten wir sie einfach so ausschalten. Im Gegenteil: Sie vermitteln uns das Gefühl, dass in jedem Moment etwas passiert, dass es dort draußen Erfahrungen gibt, die zwar jemand anderem widerfahren, die wir aber unbedingt zur Kenntnis nehmen müssen. Das Fernsehen ist demnach nichts als ein transparentes Medium, das eine Verbindung zu Phänomenen herstellt, bei denen wir ohnehin am besten live dabei wären. Diese Lüge beruht auf bestimmten Vorstellungen der Tugendhaftigkeit, des Bürgersinns und der Verantwortung.

Ich sage, dass ich mir die Nachrichten ankucke, weil ich

etwas »wissen« will. Dabei weiß ich eigentlich überhaupt nichts. Zumindest kann ich nichts tun. Ich weiß, dass im Irak ein Krieg stattfindet, aber das wusste ich ohnehin schon. Ich weiß, dass es in meinem Bundesstaat Feuersbrünste und Autounfälle gibt, doch auch das war mir längst bekannt. Ich kann mir noch so viele kürzere und längere Nachrichtenbeiträge ansehen – ich werde danach nichts wissen, was ich zuvor nicht wusste. Vielleicht empfinde ich dabei etwas, vielleicht auch nicht. Ein Gefühl, das sich dabei möglicherweise einstellt, ist das der Tugendhaftigkeit: Ich fühle mich als verantwortungsbewusster Bürger, weil ich mich über Dinge auf dem Laufenden halte, die ich am Ende doch nicht beeinflussen kann. Natürlich ist dieses Gefühl falsch, es ist sogar verabscheuungswürdig. Ich bin mir gar nicht mehr so sicher, was ich eigentlich fühle.

Was empfindet man, wenn man zusieht, wie ein Mensch geköpft wird? Beim ersten Mal ist es schlimm. Und beim zweiten, fünften, zehnten oder hundertsten Mal? Verhält es sich ganz ähnlich wie bei persönlichen Erfahrungen auch: Es fühlt sich immer noch real an, wir können es beschreiben, zugleich wirkt es jedoch in gewisser Weise wie ein Traum. Manche beschreiben den Effekt der Wiederholung als »betäubend«. Ich würde eher sagen, dass sich ein Gefühl des Eingehüllt-Seins, ja sogar der Befriedigung darüber einstellt, dass man so etwas Schreckliches ertragen kann, ohne davon berührt zu sein oder es als peinigend zu empfinden. Wir haben es mit der paradoxen Erfahrung einer gelassenen Befriedigung zu tun, die uns befällt, obwohl wir Teil einer Welt sind, die wir zwar als reizarm und ruhig empfinden, in der ein anderer Mensch allerdings die schrecklichsten Dinge erdulden muss, die man sich überhaupt vorstellen kann. Bei ihm löst dies Panik, Angst und Verzweiflung aus; wir betrachten die Situation von außen als das schlichte Ereignis des Todes.

Die antiken Ästhetiken basierten auf der Erfahrung eines einzelnen Theaterstücks oder einer einzelnen Erzählung. Sie gingen zurück auf Aristoteles, der, ausgehend von der Wirkung einer einzelnen Tragödie, die Gefühle des Mitleids und der Angst beschrieb. In Athen wurden nicht während des ganzen Jahres Theaterstücke aufgeführt, dafür hatte man vielmehr bestimmte Tage reserviert, an denen dann gleich mehrere Tragödien präsentiert wurden. Wir begegnen Dramen, Erzählungen oder anderen fiktionalen Genres jedoch nicht länger ausschließlich an einem besonderen Festtag. Die klassischen Ästhetiken verlieren zunehmend ihre Aussagekraft, wenn wir nicht eine oder einige Folgen einer Arztserie im Jahr sehen, sondern im Lauf unseres Lebens fünftausend Folgen von einhundert Serien – und zwar parallel zu zehntausend anderen Erzählungen, in denen es um ähnlich starke Erfahrungen geht. Wir sehen die Bilder der Enthauptung nicht nur einmal, sondern einhundert Mal, gefolgt von zehntausend anderen Grausamkeiten, die dann ihrerseits wiederholt werden. Die Ebene der medial vermittelten Repräsentationen verwandelt sich in eine Art Trainingsgelände, auf dem wir uns darin üben, die starken Emotionen, die in den Geschichten verhandelt werden, eben nicht auf unsere eigene Erfahrung zu beziehen, damit wir nicht davon gelähmt werden oder die Nerven verlieren, während wir lernen, unsere eigenen Erfahrungen in die narrativen Strukturen und den Ton jener Erzählungen zu verpacken, welche die Medien uns präsentieren.

Je mehr Lebensbereiche von den mediatisierten Erfahrungen kolonisiert werden, desto höher ist die Wahrscheinlichkeit, dass unsere persönlichen Erfahrungen von externen Dramen begleitet werden, egal, ob es sich dabei nun um »Fiction« handelt oder um »Nachrichten«. Die Bildschirme vermehren sich unablässig. In dem Restaurant, in dem ich zu Abend esse, laufen im Hintergrund auf stumm geschaltete Fernseher. (Ich kann mich noch an Zeiten erinnern, als es das nur in Bars gab.) In den Wartezimmern der Krankenhäuser und Arztpraxen wird nicht einmal mehr der Ton abgestellt. Als ich einmal in einer Werkstatt in Florida einen platten Reifen wechseln ließ, konnte ich auf dem Bildschirm verfolgen, wie ein Mann aus diesem Bundesstaat von Air Marshalls erschossen wurde. Neben der Umkleidekabine bei Macy's haben sie einen riesigen Flachbildschirm aufgestellt. Man findet sie auch in Fitnessstudios und in den Aufzügen der Bürohäuser. Flughafen-Terminals surren vor Fernsehnachrichten, die einen bis in die Flugzeuge hinein verfolgen, wo sie über den Bildschirm im Rücken des Vordersitzes laufen. Selbst in der U-Bahn soll es bald Fernseher geben. In den offiziellen Verlautbarungen dazu heißt es, man werde ausschließlich Nachrichten zeigen (da man schließlich etwas braucht, zwischen das man Werbeblöcke schalten kann) – einmal mehr begegnen wir dem Argument, Nachrichten seien einfach notwendig, ein verlogenes Narrativ, das allein dazu dient, alle anderen Erzählungen und Dramen zu rechtfertigen. Es kann gut sein, dass man selbst in den Büros bald Fernsehgeräte haben wird, wobei sie dort eigentlich unnötig sind, da sich in der Arbeitswelt schließlich genug Dramen ereignen, von denen wir freilich auch wieder nur über Bildschirme erfahren – die unserer PCs nämlich. Wenn ich bei Yahoo meine Mails lese, werden diese ebenfalls von medialen Erzählungen begleitet: von Schlagzeilen, die von fernen Ereignissen künden (»56 Tote in X«, »100 Tote in Y«); von Ausschnitten aus Hollywood-Filmen; von Werbung für Dating-Websites, die versprechen, eine neue Partnerin für mich zu finden und somit auch mein Leben nach dem Modell der Fiktion zu dramatisieren.

Das Glück hat sich also in eine Ideologie der permanenten Begierde nach Erfahrungen verwandelt. Nun gut, immerhin ist es unsere »Gesundheit« und unser Streben. Aber wird dieses Glück durch Erfahrung nicht seinerseits durch das permanente Geratter der starken, medial vermittelten Erfahrungen reguliert und abgeschwächt, die letztendlich in ihren Zuschauern keine starken Emotionen mehr auslösen, sondern eher so etwas wie einen hybriden Zustand, bei dem sich vorübergehende Entspannung mit permanentem Begehren vermischt? Wird die Welt der totalen Ästhetisierung, in der wir leben, damit nicht zugleich ästhetisch *und* anästhetisch? Wir wissen, dass die Werbung unser Begehren auf bestimmte Produkte lenkt – und machen uns darüber keine großen Gedanken. Es ist ja nur Werbung. Auch die Erzählungen erzeugen und kanalisieren Bedürfnisse. Ich vermute, dass all diese Erzählungen und Dramen paradoxerweise in der Lage sind, die Begierde abzuschwächen, zu strecken oder hinauszuzögern, bis wir an einen Punkt kommen, ab dem sich das Begehren unablässig mobilisieren lässt, ohne dass dies dem Betrachter wehtäte oder ohne dass dabei seine Persönlichkeit zerstört würde. Dies zögert den Übergang zur Anti-Erfahrung hinaus, so dass das nicht darauf vorbereitete, nicht bereits betäubte Individuum in keine radikale Krise gerät, wenn es all diesen Dramen, Schrecknissen, drastischen Darstellungen, ökonomischen Anforderungen und neuen Bedürfnissen – jeweils einzeln – zum ersten und einzigen Mal begegnet.

Ich denke, dass diese Überlegung nicht ganz verkehrt ist; so würden dieses System und die damit verbundenen Gefahren einen Sinn ergeben. Das Problem wäre dann allerdings, dass der durch die Dramen induzierte anästhetische Zustand zumindest bei manchen Menschen mit der Zeit nachlassen würde. Ihre Erfahrungs-»Krankheit« bestünde somit darin, dass die ästhetischen Ereignisse ihre ursprüngliche, einzigartige Kraft wiedererlangen, weshalb die Person, die eigentlich geschützt und im Gleichgewicht sein sollte, jede einzelne (reale oder medial vermittelte) Erfahrung mit voller Wucht erleben würde.

Wenn Menschen in unserer Gesellschaft plötzlich nicht mehr in der Lage sind, den endlosen Strom der medial vermittelten Erfahrungen zu ertragen, wenn sie vielmehr jedes einzelne Ereignis so erleben, als ob es ihnen persönlich zustoßen würde – als ob die Fiktionen real wären, und das Reale (die Unfälle, Enthauptungen, die Tausenden von Toten, über die die Nachrichtensender berichten und die sie dadurch als real beglaubigen) doppelt real –, so ist es nicht weiter verwunderlich, dass sie sich zurückziehen. Natürlich wird ihnen angst und bange, wenn sie jede Erzählung und jeden Bericht über Dinge, die sich irgendwo in der Welt abspielen, wahrnehmen, als beträfen sie ihr Privatleben und ihr individuelles Drama. In gewisser Weise werden sie dazu teilweise ja sogar aufgefordert von einem System der Repräsentationen, das nicht wirklich daran glaubt (und auch gar nicht will), dass irgendjemand all das tatsächlich ernst nimmt. »Wenn nämlich irgendjemand durch eine Täuschung dazu gebracht würde zu lernen, dass uns keines der äußeren und unserer Entscheidung unzugänglichen Dinge betrifft«, sagt Epiktet, »dann würde ich zwar diese Täuschung hinnehmen, durch die ich glücklich und ungestört leben könnte; ihr aber werdet selbst sehen, wofür ihr euch entscheiden wollt.«[12]

Ich sehe: abgetrennte Köpfe; ein supergünstiges Sparmenü; mit Kajal geschminkte Augenlider; Sommerschlussverkauf bei Kohl's; Rot, das zwischen den Fingern der behandschuhten Hand hindurchrinnt, die auf die Wunde presst: »Herr Doktor, können Sie ihn retten?« – »Wir werden alles tun, was in unserer Macht steht.« Das rot gestrichene Esszimmer des frisch renovierten Hauses, oft sind satte Farben einfach am besten. Kinder, die sich über ihr großzügiges Zimmer freuen. Der Böse bricht tödlich getroffen zusammen. Jemand schießt auf die Polizisten. Den neuen Lexus kann man jetzt auch leasen. Oder auf CNN: Schilf, das sich friedlich im Wind wiegt, im Hintergrund ein abgestürzter Hubschrauber; plötzlich werden die Halme im Vordergrund niedergetrampelt; Stiefel; eine Fernsehkamera; Rettung naht; der Kameramann findet den überlebenden amerikanischen Piloten; er erschießt ihn; die Terroristen haben das Video gedreht; sie zeigen es noch einmal. Szenen aus Werbespots: Straßen, Menschen, die ruhig einkaufen; Alltag. Mit Planen abgedeckte Leichen auf dem Asphalt. Der blaue Himmel wirbt für die Farbe des neuen Autos. Was immer Ihnen passieren mag, es wurde bereits gefilmt, als es jemand anderem widerfuhr. Bei Red Lobster sind Shrimps-Wochen. Mit Clorox bekommt man die Blutflecken raus. Advil stoppt den

12 Ebd.

Schmerz, schnell. Einige von uns werden etwas Stärkeres brauchen.

*

Ich weiß nicht, warum jemand an einem bestimmten Punkt zusammenbricht. Die Gründe sind in jedem Einzelfall andere, sie sind irgendwo in der Tiefe der Persönlichkeit zu finden. Irgendwann hält man die allgegenwärtigen ästhetischen Darstellungen, welche die anderen immer noch ruhig und blasiert ertragen, einfach nicht mehr aus. Selbst wenn dieser unablässige Strom starker Empfindungen zuvor eine anästhetische Wirkung gehabt haben mag, so lässt diese jetzt bei einem einzelnen Menschen plötzlich nach, und das wird als Schock erlebt. Der fassungslose Leidende kann einfach nicht verstehen, was da mit ihm geschieht.

Er wird also versuchen, den anästhetischen Schutzschild wiederherzustellen. Zunächst wird er auf die januslöpfigen Strategien setzen, jene, die uns in bestimmten Dosen zusätzliche Erfahrungen verschaffen, in anderen Dosierungen jedoch davor abschirmen: Alkohol, Sex, weitere Formen des Ausbruchs aus der Normalität. Dann gibt es die schrecklichen Depressionen, unfassbar und schmerzhaft. Natürlich stehen Medikamente zur Verfügung sowie die etablierten Glaubenssysteme und Praktiken, vom Buddhismus über andere östliche Philosophien bis hin zum Epikureismus oder Stoizismus und somit zum Ursprung der abendländischen Kultur. Sie alle warten nur darauf, für unsere heutigen Zwecke umgedeutet zu werden. Selbstredend stehen auch noch die offiziellen christlichen Konfessionen bereit, die ich bislang gar nicht erwähnt habe. Und natürlich kann man sich einfach einschließen und das Haus nicht mehr verlassen.

Doch dann ist da auch noch der Traum von einem anderen ästhetischen Regime, von einer Welt, in der nur ganz normale, lokale, kleine, repetitive, ja in gewisser Weise widerspenstige Dinge zum Gegenstand der ästhetisierten Erfahrung würden. Dinge also, die jedem von uns jeden Tag widerfahren. Dadurch würden die großen Repräsentationen, die medialen Dramen und Erzählungen, wie wir sie heute kennen, grundsätzlich infrage gestellt. Ist es zu viel verlangt, wenn man sich nach Büchern sehnt, in denen es nicht um Konflikte und Katastrophen geht, sondern um alltägliche Begebenheiten, die von dem gelassenen Individuum miteinander verknüpft werden, das sie erlebt? Nach Fernsehsendungen, in denen die Menschen einfach nur ruhig dasitzen, die anderen zur Kenntnis nehmen, sich Sonnenaufgänge ansehen, vor sich hin tippen, reden oder Mahlzeiten zubereiten, ohne dass sie dem Zuschauer erklären, wie es funktioniert? Sendungen, in denen die Menschen ihren alltäglichen Angelegenheiten nachgehen in dem stumpfen, aber auch beruhigenden Bewusstsein, dass der heutige Tag auch nicht großartig anders verlaufen wird als der gestrige? Kann man diesen harmlos-unbeschwerten Zustand der Gnade auf Endlosschleife schalten? Ist es denkbar, dass wir eine Form der »ästhetischen« Repräsentation für all jene entwickeln, bei denen der übliche anästhetische Schutz nicht mehr wirkt, die allerdings vor den inhumanen und restriktiven Ideologien zurückschrecken? Können wir heute, inmitten all der Technologie, noch so leben wie die Epikureer in ihrem Garten? Was bliebe uns ohne all die Fiktionen, Dramen und »Erfahrungen«? Unser Leben. Vielleicht sind die zaghaften Gehversuche der Menschen, die sich in den Lücken unserer Welt bewegen, weil sie ihre Anforderungen nicht mehr ertragen, der erste Schritt zurück ins Leben? Wenn man einmal einen Schritt zurücktritt und unsere unaufgeräumten Leben von außen betrachtet, so fragt man sich immer wieder nach ihrem Sinn. Wie können wir zu einem sinnvollen Leben zurückkehren? Indem wir weiterhin alles ästhetisieren, bis die Ästhetik des hektischen Strebens einfach in die Luft fliegt? Mithilfe der anästhetischen Strategien, die ich in diesem Essay beschrieben habe? Also indem wir alle »Erfahrungen« wieder als reine, neutrale Begebenheiten wahrnehmen, die sich nicht länger zur Dramatisierung eignen? Es wirkt irgendwie pervers, nach dem Sinn zu fragen, wo wir nicht einmal wissen, wie das Leben aussähe, wenn es nicht länger als Geschichte der Suche nach und des Aufschiebens von Belohnungen erzählt würde. Können wir – unmittelbar und unvermittelt – zu solche einem Leben gelangen? Und wenn ja: Was würden wir dort finden?

ÄTHER

Ich war achtzehn, als ich zum ersten Mal Bekanntschaft mit dem Internet machte. Meine fünf Korrespondenzpartner gingen mit mir aufs College oder studierten an anderen Universitäten. Das Internet erschien uns als großartige neue Möglichkeit, einander lange und aufwendige Briefe zu schreiben, ohne Briefmarken allerdings. Innerhalb von lediglich zehn Jahren versetzte das Internet weltweit ganze Nationen, die eigentlich demokratisch und ganz vernünftig waren, in einen Zustand dämmriger Hast, während es zugleich einfacher wurde, Flugtickets zu buchen und sich einen Überblick über die Qualität von Restaurants zu verschaffen.

Am sonderbarsten fand ich damals, dass innerhalb der Eliten bald eine Personengruppe auf den Plan trat, die das Internet zu einem Instrument der erlesenen Revolutionen und Erlösungsmomente erklärte. Kein Zweifel: Die Leute, die diese Technologie zu der ihren gemacht haben, zu ihrem Stein der Weisen und zur großen Sache ihrer Generation (genau genommen ist es ja nicht einmal eine ganze Generation, sondern nur ein Teil davon: die fünf, zehn Jahrgänge, die um das Jahr 2000 herum erwachsen wurden und zu denen auch ich gehöre), werden die messianische Heilsbotschaft des Internets verkünden, bis sie dereinst sterben. Dieser winzige Haufen von Utopisten hat das Diskursfeld rund um das Internet abgesteckt, und die Nachgeborenen werden auch weiterhin in ihrem Schatten stehen.

»Gott, kann das Internet nicht einfach kaputtgehen?«, murmelte einer meiner Studenten, als ich die neuen Richtlinien erklärte, nach denen sie ihre Arbeiten in Zukunft online einreichen sollten. Jetzt, da ich gelegentlich selbst unterrichte, wird mir klar, dass die heutige Generation auf eine Art sehr viel realistischer ist, was das Internet angeht. Die anderen stimmten nämlich zu, auch sie waren der Ansicht, es wäre gut, wenn das Internet ab und an vorübergehend ausfallen würde. Nicht für immer, sondern zunächst nur für eine Woche oder so. Doch wenn sich das als Erfolg erwiese, könnte es regelmäßig zusammenbrechen. Man hätte dann endlich wieder Zeit zum Atmen.

Als Angehöriger einer der letzten Generationen, die noch wissen, wie das Leben ohne Internet war, kann ich mit voller Gewissheit sagen: Das Leben ist sehr viel angenehmer gewesen. Die gegenständliche Welt besaß eine größere Dichte. Ich fürchte, dass solches Wissen verloren gehen wird, wenn die Leute es nicht länger beiläufig festhalten – nicht in epischen Klageliedern, sondern als flüchtige Notizen in ihren Tagebüchern. – Und zwar obwohl wir uns heute vor den modernen Technologien verbeugen und Kratzfüße machen wegen all der neuen Gefühle und Annehmlichkeiten, die damit zusammenhängen.

Ich gehöre zu einer jener seltenen, mutierten Generationen von Schmetterlingen, die sagen können, dass sie eine technologische Revolution erlebt haben und wissen, wie es sich anfühlt, aus dem Kokon zu schlüpfen. Ich erstatte hiermit Bericht. Das Leben geht weiter, allerdings haben wir nun die Last dieser neuen Flügel zu tragen, mit denen wir nicht wirklich fliegen können. Im Gegenteil: Sie behindern uns. Mit jedem einzelnen Schlag werden sie zu einer größeren Last.

WeTube

»Liebling, was kommt heute Abend Schönes auf You-Tube?« Leute, die tanzen. So viel ist sicher. Ich habe *bootie dancing* gesehen (es gibt auch die Schreibweise *booty dancing* für diese Form des Bauchtanzes mit einem tiefer gelegenen Körperteil). Ich habe *breakdancing* gesehen. Ich habe sogar tanzende Vögel gesehen (der bekannteste von allen ist ein Gelbhaubenkakadu, der zu den Backstreet Boys eine Art Cancan aufführt). Ich bin wirklich kein sonderlicher Tanz-Afficionado, aber irgendwie lande ich auf YouTube immer bei tanzenden Menschen oder Tieren. Man geht auf die beliebteste nicht pornografische Video-Upload-Website der Welt und klickt sich durch all die labyrinthischen Unterportale, die einem den Weg weisen sollen. »Videos, die andere Nutzer gerade ansehen«, »Beliebteste Videos«, »Gesponserte Videos«. Damit beginnen zwangsläufig Stunden eines Zustands, den ein Freund von mir »Klick-Trance« nennt. Und was bekomme ich dort in Endlosschleife zu sehen? Musik und tanzende Leute. Sechsjährige, die zu Hardstep tanzen. Kinder im Grundschulalter, die in ihren Wohnzimmern unfassbare Schrittfolgen bei »Dance Dance Revolution« hinlegen. Und immer wieder Erwachsene: Leute, die auf Pool-Partys tanzen, auf Partys mit improvisierten Gartenrutschbahnen, auf Sylvester-Partys. Natürlich habe ich auch den beliebtesten YouTube-Clip überhaupt gesehen, »Evolution of Dance«. Während ich diese Zeilen schreibe (also irgendwann im Jahr 2008), ist dieser langjährige Inhaber des Titels des am häufigsten gesehenen YouTube-Clips aller Zeiten bereits 72 Millionen Mal über den Bildschirm gelaufen.[1] Ich bin mir sicher, dass ich nur für zehn Aufrufe verantwortlich bin. Und dennoch finde ich meinen Weg immer wieder zu »The Evolution of Dance« zurück.

Ich nehme an, dass der absolut amateurhaft anmutende Clip »Evolution of Dance« so erfolgreich werden konnte, weil er so etwas wie die Essenz aller von Amateuren produzierten YouTube-Inhalte auf den Punkt bringt. Das Video verkörpert den tieferen Charakter dessen, was die Nutzer und insbesondere jene Menschen, die Videos hochladen, meiner Meinung nach auf YouTube – bislang jedenfalls – suchen. Sie kennen den Clip sicher schon, lassen Sie mich »The Evolution of Dance« zur Erbauung zukünftiger Generationen trotzdem noch einmal beschreiben. Der Amateur auf der Bühne ist ein Mann namens Judson Laipply, den ein eingeblendeter Text als »inspirational comedian« ausweist. Er steht vor einer Kulisse, die man als »Talentshow-Minimalismus« beschreiben kann, auf einer Bühne mit schwarzem Hintergrund, sieht ziemlich abgerissen aus und wird aus größerer Entfernung gefilmt, vermutlich von einem Sitz im Zuschauerraum aus. Hier wird keine miese Talentshow simuliert: Der beliebteste YouTube-Clip aller Zeiten ist *tatsächlich* ein mies gemachtes Talentvideo. Wie bei Comedians üblich hat Laipply auf der einen Seite einen Barhocker, auf der anderen ein Mikrofon. Während er sein Programm darbietet, hört man das Gelächter und den Jubel der Menge sowie den ble-

1 Zum Zeitpunkt der Drucklegung dieses Buches im September 2011 wurde das Video bereits 180030870 Mal aufgerufen (Anm. d. Ü.).

chernen Klang seiner Musikbegleitung, der von einer Anlage stammt, die irgendwo im Raum zu stehen scheint. Judson Laipply, ein Weißer mit Geheimratsecken, trägt ein orangenes T-Shirt und eine Jeans und wirkt auf den ersten Blick wie ein ganz normaler Typ, doch das wird sich ändern. Er steht bereits in jenem Scheinwerferlicht, das ihm folgen wird, wenn er nach links tanzt. Er steht dort, weil er gleich anfangen wird zu tanzen, weil er die »Evolution of Dance« aufführen wird. Als ich den Titel zum ersten Mal las, habe ich so etwas erwartet wie: von den Höhlenmenschen zu Balanchine. Doch schon nach den ersten Tönen eines Medleys aus Stücken, die in etwa die Zeit von Elvis Presley und Chubby Checker bis zur Gegenwart abdecken, ist klar, dass der »inspirational comedian« Judson Laipply in der Lage ist, wie eine Marionette, die plötzlich zu Leben erwacht, mit außergewöhnlicher Dehnbarkeit, perfekter Synchronizität und sauber choreografierten, nahtlosen Übergängen zwischen den einzelnen Figuren in einen Tanz hineinzuspringen, der einfach sitzt. Das unglaubliche Vergnügen, das man dabei empfindet, hat *erstens* mit seiner an die Knetfigur Gumby erinnernden Fähigkeit zu tun, so viele unterschiedliche Stile tanzen und sich einfach in alles und jeden verwandeln zu können. *Zweitens* mit dem Einfallsreichtum und der Athletik, die er auf die Zusammenstellung dieses enorm bewegungsintensiven Tanzmedleys verwandt hat, in dessen Verlauf er sich öffentlich in alle möglichen anderen Personen verwandelt. *Drittens*, und dieser Punkt schließt direkt daran an, mit der Wiedererkennbarkeit. *Wir* erkennen jeden einzelnen dieser Songs augenblicklich wieder – und damit auch jeden einzelnen Tanzstil. Das entscheidende Merkmal der ausgewählten Stücke und Choreografien ist nämlich, dass sie lediglich der Phase der »Evolution des Tanzes« seit der Einführung des Fernsehens entnommen sind. Wir bekommen also ausschließlich Tänze dargeboten, die wir auf Bildschirmen kennengelernt haben wie jenem, auf dem wir nun Laipply sehen. Hier geht es nicht um Volkstänze. Wir werden nicht Zeugen, wie sich aus dem Reel die Quadrille und der Walzer entwickeln. Dass wir heute wissen, wie man wie Elvis tanzt, verdanken wir schließlich Ed Sullivan, der Elvis in seiner Show allerdings nur vom Becken aufwärts filmen ließ, und unzähligen Filmen wie *Jailhouse Rock* und *Blue Hawaii*; wie Twist aussieht, wissen wir, weil die entsprechende Mode damals im Bild festgehalten wurde. Und wenn Justin Laipply dann von den Bee Gees zu John Travoltas »Ich habe einen Finger in der Hosentasche, also hole ich ihn mal besser raus, um ihn auszustrecken«-Moves übergeht; wenn er zu »Y.M.C.A.« mit seinem Körper die Buchstaben formt, wie es uns The Village People in TV-Sendungen wie *Solid Gold* beigebracht haben – dann sehen wir Tanzbewegungen, die auch *wir* vom Fernsehen für Hochzeiten und Bar-Mizwas übernommen haben. Dasselbe gilt für den Breakdance-»Wurm«, den er tanzt, nachdem er sich auf den Boden hat fallen lassen, für den Roboter, den er zur Musik von Styx nachmacht (»Domo Arigato, Mister Roboto!«), für den »Running Man« und MC Hammers »Hammer Dance«. Als Laipply sich schließlich die letzten zwanzig Jahre vornimmt und im Publikum Lachen und Jubel ausbricht, weil die Wiedererkennungsmomente immer überraschender werden, wird endgültig deutlich, wie viele unserer Tänze wir allein aus dem Fernsehen, aus Musikvideos, Michael Jacksons »Thriller« und von den Schaufensterpuppen-Moves von 'N Sync kennen.

Es gibt viele großartige Videos auf YouTube, aber Judson Laipplys Clip ist insbesondere deshalb der großartigste von allen, weil er die wichtigsten Bezugsgrößen eines typischen YouTube-Filmchens auf perfekte Weise zum Verschmelzen bringt – zumindest jener Clips, die wir heute zu sehen bekommen, in einem Jahr ist vielleicht alles schon wieder ganz anders: die Talentshow (also die Zurschaustellung und Anwendung traditioneller individueller Begabungen), Fernsehausschnitte, die aus ganz anderen Kontexten stammen, und vor allem das Hybrid-Genre Musikvideo, jene dreiminütigen, zu Musik geschnittenen Kurzfilme, die selbst MTV in den späten Neunzigern durch Reality-TV-Formate ersetzt hat.

Das soll nicht heißen, dass es auf YouTube außer Darbietungen von Laien im traditionellen Sinn sowie Musikvideos und aus dem professionellen Fernsehen geklautem Material nichts gäbe. Mit Sätzen wie »Alles, was es bei YouTube gibt«, sollte man ohnehin vorsichtig sein – denn es gibt immer noch viel mehr. Irgendjemand wirft die Worte »kackende Hunde« in die Runde, und wenn man dann diese Begriffe in die Suchmaske tippt, stößt man tatsächlich auf Filme mit kackenden Hunden: Hunde, die auf Eisflächen kacken, auf den Bürgersteig, im Park. Lässt man sich jedoch auf die »natürliche« Weise durch YouTube treiben, in dem man sich von einem Link zum nächsten klickt, so konzentrieren sich die Fundstücke doch auf folgende Kategorien: kurze Stücke von Gesprächen vor der Kamera, Tanz, Gesang, Profis und Laien, die Instrumente spielen, außerdem Skateboard-Fahren, Auto- und Motorradunfälle, die zufällig gefilmt wurden, die jeweils nur sehr kurzfristig »lustigsten Homevideos Amerikas«, Peinlichkeiten und Missgeschicke. (Und dann gibt es da noch diese Clips, die auf ganz besonders merkwürdige Weise ihre Wirkung entfalten: Videomaterial, dessen ursprüngliche Tonspur durch irgendeinen Soundtrack ersetzt wurde. Automessen, zum Beispiel: ein schwerer Mustang mit offener Motorhaube neben dem anderen, die Bilder unterlegt mit Heavy Metal. Die Musik, die so gut zur Stimmung dieser V8-Motoren passt, ist derart düster, dass man gar nicht bemerkt, dass die Autos am helllichten Tag gefilmt wurden und dass daneben glückliche Menschen auf Gartenstühlen zu sehen sind, die Pool Ball spielen oder grillen.

*

Unsere Ausgangstheoreme lauten also: Talent = YouTube; Talent + Musik = YouTube; praktisch alles + Musik = YouTube. Dabei kommen immer interessante Ergebnisse heraus, die es sich anzuschauen lohnt. Man kann das neue Medium allerdings noch auf eine andere Weise in eine Gleichung packen: Internetvideo als Format – Pornografie = YouTube.

In einem gewissen Sinn wurde YouTube nur möglich durch den grundsätzlichen Ausschluss von Pornografie in jedweder Form, es verdankt seine Geburt also einem rigorosen und bisweilen sogar ziemlich rücksichtslosen Überwachungssystem. Pornografie gilt in den meisten Kunstgattungen – also im Film, in der Literatur usw. – als untergeordnetes Genre. Das Internet musste jedoch zunächst einmal mit Pornografie gesättigt sein, ja regelrecht in Pornografie schwimmen, bevor so etwas wie YouTube dort überhaupt entstehen konnte. Während der kurzen Zeit, in der es das Internet jetzt gibt, waren nahezu alle nicht professionellen Filme im Netz Sexvideos.

Vielleicht können Sie aus Ihrer Computererinnerung noch das folgende Bild hervorkramen: ein kleines Fenster auf einem jener alten Kathodenstrahlröhrenbildschirme, in dem »Amateure« grobkörnig vor sich hin rammeln. Als man derlei gegen Ende des 20. Jahrhunderts zum ersten Mal sah, konnte man noch nicht wissen, dass man es mit einem bedeutenden neuen Videogenre zu tun hatte. Insbesondere weil dieses krude Format, historisch betrachtet, auf den ersten Blick so sehr nach alten pornografischen Nickelodeons aussah und nach frühen Pornos. Außerdem tauchten die Filmchen oft neben professionellen Pornos auf den entsprechenden Websites auf. Aber rasch erwies sich dieses »nicht professionelle«, ganz offensichtlich selbst produzierte und eigenhändig hochgeladene Format als das eigentliche Genre der Zukunft. Daran änderte sich auch nichts, als die ersten auf geradezu unheimliche Weise professionellen Ausbeuter auf den Plan traten, die angesichts der riesigen Exhibitionismus-Vorkommen, die unmittelbar unter der Oberfläche des Anstands zu lagern schienen und nun wie eine Ölfontäne ans Tageslicht sprudelten, dazu übergingen, »Amateure« (die Grenzen begannen allmählich zu verwischen) zu filmen oder ihre Filme in Umlauf zu bringen.

Die längst klassische Erklärung für den Erfolg der Internetpornos lautet, dass das Netz hier ein neues, privates, solitäres und visuelles Medium von intimer Größe zur Verfügung stellte und dass dieses in erster Linie all die Menschen anzog, die eine solche Quelle der Erregung für eine besonders einsame und intime Aktivität gut gebrauchen konnten: Masturbation. Die Situation war von einem merkwürdigen Isomorphismus gekennzeichnet: Man tippte etwas auf einer Tastatur, eventuell sogar auf einem

Laptop, und hatte den Eindruck, das Objekt der Begierde selbst in Händen (oder gar auf dem Schoß) zu halten. Nackte und Rammelnde waren ganz leicht zu finden, man konnte sie anschauen, schnell verstecken und jederzeit wieder auf den Bildschirm zurückholen. »Sex« schien der abstraktere gemeinsame Nenner all dieser Erfahrungen zu sein, man sah sich einfach »Sex« an. Was jedoch den Faktor Amateure anbelangt, müssen wir uns allmählich klarmachen, dass Erotik nicht der wichtigste Reiz ist, der von diesen Filmchen ausgeht (sonst hätten die Profis das Internet komplett an sich gerissen), sondern etwas ganz anderes. Was YouTube uns vom ersten bis zum millionsten Klick immer wieder vor Augen führt, ist, wie gerne wir Amateuren zusehen. Nicht, wenn sie einfach nur so dastehen, natürlich. (Kein Wunder also, dass auch nicht pornografische Rund-um-die-Uhr-Webcam-Seiten wie JennyCam in den letzten Jahren aus der Mode gekommen sind.) Wir sehen ihnen gerne dabei zu, wenn sie etwas aufführen oder darbieten, worum auch immer es sich dabei handeln mag.

Die Amateurpornografie hat das Internet nicht allein deshalb überschwemmt, weil sie das unmittelbar erregendste der leicht verfügbaren Genres darstellt, sondern die Darbietung par excellence, *für die man keinerlei Talent braucht.* Alles, was man benötigt, ist die Bereitschaft, gesehen oder gezeigt zu werden: Man muss nicht einmal besonders gut rammeln können, obwohl da draußen natürlich Urteile über die Qualität von allem und jedem gefällt werden, sobald es genug Alternativen gibt, die man bewerten kann. (Und die Kommentieren-und-bewerten-Interfaces geben den Nutzern die Gelegenheit, sich zu Richtern über jede einzelne Sendung aufzuschwingen.)

Dass YouTube pornofrei ist, wird noch durch all die Links, Teaser und weitere Kniffe betont, mit denen wir auf andere Seiten jenseits des Portals gelockt werden sollen, dorthin also, wo es echte Pornografie gibt, nur einen Mausklick entfernt. Man stößt auf zahllose Frauen in Unterwäsche, die einen hinter eingeblendeten Adressen mit XXX-Versprechen auf andere Websites lotsen wollen. Doch selbst diese Videos scheinen nur so lange zu existieren, bis YouTubes aufmerksame Kontrolleure sie eingefangen, ruhig gestellt und irgendwo eingesperrt haben wie Tiere, die aus dem Zoo entlaufen sind. Dabei handelt es sich übrigens um Profis, die man mit der Aufgabe des Filterns und Löschens beauftrag hat und die den Hinweisen der angeblich riesigen Bürgerwehr von YouTube-Usern nachgehen, die darüber befinden, was nicht in Ordnung ist (indem sie den »Als unangemessen melden«-Button drücken). Und dennoch gibt es immer noch Leute, die ausgerechnet an dem Ort nach Nacktheit suchen, wo man garantiert keine findet – ich weiß, wovon ich spreche, ich habe es ausprobiert. Auf YouTube zeigt nicht einmal ein Video mit dem Titel »Britney Spears oben ohne« Britney Spears wirklich »oben ohne«, sondern nur einen endlosen Kameraschwenk über ihr Gesicht und ihre nackten Schultern (das Video wurde mittlerweile 36753829 Mal abgerufen; Anm. d. Ü.).

Subtrahiert man jedoch den Sex von all diesen Beispielen der Selbstzurschaustellung, drängen altmodische Begabungen in den Vordergrund: nicht nur das Tanzen, sondern auch der Gesang. Wir haben es allerdings mit medial vermittelten Talenten zu tun. Nur sehr wenige Menschen schaffen auf YouTube den Durchbruch mit Songs, die sie selbst geschrieben haben, aber viele ernten haufenweise

Klicks, indem sie berühmte Lieder anderer Leute nach-singen. Mit einem improvisierten Gitarrensolo kommt niemand weit, doch wer ein Break von Jimmy Hendrix oder Jimmy Page nachspielen kann (wobei es ausreicht, wenn im Video nur der Gitarrenhals und die Hände zu sehen sind), der kann auf ein ganzes Spinnennetz aus Wertschätzung rechnen.

Eine Begabung, die auf Videoportalen bislang leider noch nicht zu meiner vollen Zufriedenheit zur Entfaltung kommt, ist das Sprechen. Auf YouTube gibt es jede Menge sogenannter »V-logs« oder »vlogs« (die Abkürzung steht für Video-Blogs), die mit den frühen Text-Blogs in Bezug auf die geistige Haltung der Autoren durchaus ver-wandt sind. Im Großen und Ganzen sind diese V-logs fürchterlich. Ich glaube, sie sind deshalb so schlecht, weil es sich um Monologe handelt, die sich nicht an ein kon-kretes Publikum richten, das ein unmittelbares Feedback geben oder Anpassung forcieren könnte. Selbst in den ein-fachsten Talkshows auf den offenen Fernsehkanälen oder im College-Radio treten Gäste und Gesprächspartner auf, die die Dinge in Bewegung halten, wohingegen das ein-zige Hilfsmittel, über das die Produzenten der V-logs ver-fügen, eine Webcam ist, die sie oben an ihrem Bildschirm befestigt haben. Kuckt man sich an, was es sonst noch gibt in der Welt, so schaffen sie es im besten Fall auf das Ni-veau von guter Stand-up-Comedy, und in der Regel sol-len die V-logs ja auch lustig sein; oder es wird geschimpft, im Stil der Hetzer, die wir aus Talkshows oder aus dem Wortradio kennen. Aber man findet selten gute Schimpf-tiraden von Leuten, die einfach nur ganz allein irgendwo stehen. Am besten scheint das Sprechen im Internet zu funktionieren, wenn jemand leidenschaftlich mit jemand anderem redet und das Ganze heimlich oder von einem Paparazzo gefilmt wird (eine Masche, die wir von dem Internet-Magazin tmz.com kennen). Wenn man nur in eine Webcam auf dem eigenen Computer spricht, dann kommt nicht jenes genial-produktive Prinzip der Darbietung zum Tragen, das selbst einsames Tanzen, Gitarrespielen oder Strippen kennzeichnet. Ein weiterer Grund für die Überlegenheit der Musik. Es ist wie auf Partys: Solange Musik da ist, muss niemand reden.

Zu Bestform laufen die Sprecher ohnehin dann auf, wenn sie satirische Texte für jene Musikvideo-Parodien schreiben, die inzwischen eines der wichtigsten YouTube-Genres darstellen – neben den Videos der großen Plattenfirmen, die in dem Portal ein neues Medium gefunden haben, wo sie nun ihr zweites Leben fristen. Die Musik existiert bereits, die Clips schreien geradezu danach, parodiert zu werden. Das Dreiminutenformat scheint ungefähr die Länge zu sein, die man gerade so eben noch mit der privaten Video- und Schnittausrüstung bewältigen kann und die zur Aufmerksamkeitsspanne der Zuschauer passt, die sich gezwungen sehen, den Worten zuzuhören. Übrigens eignen sich für Parodien am besten die Songs, in denen überdurchschnittlich viel gesprochen wird, ein Hinweis darauf, dass es doch Wege gibt, Sprechperformances im Internet zu ihrem Recht zu verhelfen.

*

Der größte Fehler, den man im Zusammenhang mit YouTube machen kann, bestünde darin anzunehmen, hier würden Individuen in die Lage versetzt, Fernsehen zu machen. Das Fernsehen bleibt ein kapital- und arbeitsintensives Medium. Daran hat sich nichts geändert, die

Schwelle ist kein bisschen niedriger als zuvor. Die Videos, die man auf YouTube zu sehen bekommt, haben so gut wie nichts mit Sitcoms oder seriösen Fernsehspielen zu tun, überraschenderweise auch nichts mit experimentellem oder personalem Kino à la Nanni Moretti, Robb Moss oder Caveh Zahedi, eine Form, auf die Menschen mit geringen finanziellen Ressourcen in der Vergangenheit zurückgegriffen haben. Der einzige Punkt, an dem Fernsehen und YouTube sich berühren, sind die Ausschnitte, die Leute aufgenommen und dann hochgeladen haben. Man kann sich die schönsten Tore der letzten Woche ankucken, Interviews mit lustigen Versprechern, Schnipsel aus dem japanischen, spanischen, libanesischen Fernsehen (einschließlich libanesischem Bauchtanz usw.); genauso leicht findet man Auftritte Adornos im deutschen Fernsehen, ausgewählte französische Intellektuelle, die auf dem Bildschirm diskutieren, und natürlich weitere erlesene Ausschnitte aus Talkrunden, Sportsendungen und Spielshows aus aller Herren Länder.

Tatsächlich deutet all das darauf hin, dass YouTube, zumindest potenziell, eine immens wichtige Funktion einnehmen könnte: Es könnte zum Archiv des Fernsehens und damit jenes Mediums werden, das bislang kein öffentlich zugängliches Archiv hatte. Die Leute posten alte Werbespots sowie die Titelsongs und Szenen aus ihren Lieblingssendungen (ich habe keine Ahnung, wie sie an diese Clips kommen) und, immer wieder, musikalische Darbietungen der Großen und Toten. Und so haben wir endlich wieder Zugang zu all den Dingen, die verloren und (außer in unserer Erinnerung) unsichtbar waren. (Ich habe einen Abend damit verbracht, mir Reklame aus meiner Kindheit anzusehen und mir wieder und wieder die

Werbung für Honeycomb Cereals angeschaut, in der plötzlich André der Riese auftaucht: Erinnerung bestätigt; die Großen und Toten wiederbelebt. Und dieser Musical-Jingle!)

YouTube nimmt also die Aufgabe in Angriff, das Fernsehen zu archivieren. Was mir allerdings Sorgen bereitet, ist, dass YouTube im Begriff steht, den Fehler des Fernsehens, seine Gedächtnislosigkeit, zu wiederholen, da das Portal seine eigenen Inhalte selbst nicht sauber verwaltet. Die Clips kommen und gehen. Obgleich es möglich ist, sich die beliebtesten Filme von heute, von vor einer Woche oder einem Monat oder aller Zeiten anzusehen, so kann man doch nicht zu einem bestimmten Tag oder einer bestimmten Woche zurückgehen, um zu sehen, was *damals* beliebt war. So wird auch YouTube zu einem jener Medien ohne aufgezeichnete Geschichte – mal ganz abgesehen davon, dass historische Fernsehausschnitte, die lange verschwunden waren, aus Copyright-Gründen erneut verschwinden, sobald die kapitalstarken Medienkonglomerate sie ausfindig gemacht haben, und dass es inzwischen so viele Firmen gibt, die sich darauf spezialisiert haben, solches urheberrechtlich geschützte Material ausfindig zu machen und zu beseitigen. YouTube wird niemals eine wirklich angemessene Repräsentation eines »Wir« sein, solange es *uns* nicht gestattet, alles urheberrechtlich geschützte Material, das in Hollywood oder New York unter großem Einsatz von Kapital produziert worden ist, in einem chronologischen Archiv auszustellen, in dem zugleich auch all das Gesinge, die Satire, die Unfälle und, ja, das Bootie Dancing gespeichert sind, mit denen Millionen von Menschen in ihren Schlafzimmern auf Hollywood reagiert haben, möglicherweise auch, um es zu ersetzen.

FARBEN

Als ich in der Pubertät war und fürchterlich unglücklich über die Menschheit und ihre Erzeugnisse, fragte ich mich immer, welche Farben die Männer und Frauen wohl tragen würden, wenn sie frei wählen dürften. All die Braun-, Schokoladen-, Umbra-, Graubraun-, Hellbraun- und Ocker-, Grau- und Schwarz-Töne, in die wir uns kleideten, schienen mir irgendwie aufoktroyiert. Erdfarbene Töne waren die Farben des Zwangs. Immer wenn ich Regenjacken, Kleider, Autos und Gebäude in diesen kaum voneinander zu unterscheidenden Farben der Niedergeschlagenheit und Selbstauslöschung sah, musste ich an Halsbänder denken und an Hundeleinen. Wäre das Menschengeschlecht ganz anders als der Hund, nämlich nicht so unterwürfig, würden wir unsere Erfahrungen dann nicht in sämtliche Farben der Buntstift-Palette kleiden wollen? (So jung, wie ich damals war, verstand ich natürlich nicht, dass ganz bestimmte Lichteinfallwinkel die Nadelstiche früherer Erfahrungen reaktivieren und auf diese Weise die Augen Erwachsener verletzen.)

Meiner kindlichen Meinung zufolge sollten sich die Menschen in spiegelnde Materialien kleiden, in Aluminiumfolie, Gummispikes, Fischernetze und Frottee-Gewänder. Alle Kleidung sollte violett gefärbt sein, in Neon- und fluoreszierenden Farben, in Mauve- oder Orangetönen. Die finstere Vorstellung, es gebe so etwas wie sich »beißende« Farben, kam mir absurd vor. Warum sollten Flöten und Pauken nicht auch einmal gleichzeitig erklingen?

Ich verachtete Menschen, die glaubten, manche Muster seien zu »grell« oder zu »bunt« oder zu »hektisch« oder würden jemandem nicht stehen. Damit einem etwas steht, muss man es eben anziehen. Ein Kronzeuge für meine Meinung schien mir der junge Kierkegaard zu sein, der – vor 1843 – auf einem seiner Spaziergänge einem Bettler begegnet war, der sich in einem blassgrünen Mantel mit gelben Flecken über die Straße schleppte.

»Ist es nicht traurig? diese Farbenmischungen, an welche ich heute noch mit so großer Freude zurückdenke, nirgends findet man sie mehr. Alle Welt findet sie grell, auffallend, nur noch anwendbar auf Nürnberger Spielwaren. Begegnet man ihnen einmal, alsdann soll jedesmal die Begegnung eine ebenso unerfreuliche sein, wie meine neuliche. Jedesmal soll es ein Irrsinniger, ein Verunglückter, kurz, jemand sein, welcher sich fremd im Leben fühlt, und welchen die Welt nicht für voll gelten läßt. Und nun ich, der ich meine Helden immer mit jenem ewig unvergeßlichen hellgrünen Anstriche ihrer Kleidung gemalt habe!«[1]

Doch genau wie die Menschen nicht einfach mal eben Privatsprachen erfanden und verwendeten, nur weil ich mir das so gewünscht hätte; genau wie die Menschen ihre Leben nicht einfach umstülpten, ihre Träume als eigentliche Realität begriffen und den Wachzustand als ungebetenen Gast an ihrem Bett, weil ich mir das eben einbildete – genauso wenig hat sich die empirische Realität bislang meinen Vorstellungen über Kleiderfarben gebeugt. Es hat-

---

1 Søren Kierkegaard, *Entweder-Oder. Ein Lebensfragment*, aus dem Dänischen von Alexander Michelsen und Otto Gleiß, Leipzig: Fr. Richter 1885, S. 22.

te niemals den Eindruck, als würden die freiesten Menschen die grellsten oder knalligsten Farben tragen.

Im Gegenteil, helle und außergewöhnliche Farben schienen die Farben der Narzissten oder der Reichen zu sein, wobei auch sie entsprechende Kleidung selten und nur mit besonders elegant gewobenen Mustern trugen – Stoffen etwa aus dem Hause Missoni. Doch reiche Menschen, so viel wusste ich schon damals, sind Sklaven. Erst nach und nach bemerkte ich, dass noch eine ganz andere Gruppe existierte, Menschen, denen ich auf der Straße und auf Augenhöhe begegnete und die meine Hoffnungen erfüllten. Aber diese Individuen trugen ausschließlich Blau, in den unterschiedlichsten Tönen: von Violettblau über das dunkle Blau der Regenwolken bis hin zu jenem fahlen Leuchten auf den hauchdünnen Umschlägen, in denen man Luftpostbriefe verschickt.

Dieses Blau schien mir eher das Ergebnis zwanghafter Eigenbrötlerei zu sein denn das Erkennungszeichen einer Subkultur oder das Emblem eines Clubs. Der eigentliche Impuls offenbarte sich leise, man ließ die Kleidung sprechen. Punks trugen manchmal dieses Blau, einige zumindest. Sie hatten es auf ihre mit Nieten besetzten Lederwesten gemalt, sprühten es oben auf ihre Irokesenfrisuren oder färbten sich ihre strähnigen Haare in diesem Ton, und natürlich sah man es auch auf den polierten Dr.-Martens-Stiefeln, die viele von ihnen an hatten. Gruftis kombinierten es mit schwarzem Krepp. Der Drang zum Blau zeigte sich darüber hinaus bei älteren Frauen, die Röcke, Blusen und Kostüme in Lilatönen trugen. Tatsächlich gehörte die von Sandra Martz herausgegebene Anthologie *When I am an Old Woman I Shall Wear Purple* zum Inventar der öffentlichen Bibliotheken, in denen ich meine frühe Kindheit vertrödelte. Es lag meist gleich neben den Polstersesseln, um vom nächsten Mitglied der Schwesternschaft aufgehoben und gelesen zu werden.

Sehr oft waren es schließlich Schwarze, die sich komplett in Blau kleideten. (Amerikaner benutzen das Wort »schwarz« und damit eine Farbterminologie, die noch aus der Zeit des Rassenterrors stammt.) Dieses Blau, denke ich, war das Blau der Afroamerikaner.

Entsprechend den vier Abschnitten, in die sich der menschliche Körper zwischen Scheitel und Sohle gliedert, benötigte man vier Elemente: einen blauen Hut oder blau gefärbtes Haar; eine blaue Jacke oder ein blaues Hemd; blaue Hosen; blaue Schuhe. Brother Blue zum Beispiel war *der* Lokalmatador in Boston, ein Geschichtenerzähler und Dichter, der immer dort war, wo etwas passierte. Er hatte helle Haut, etwa wie Kaffee mit Milch. Wenn ich mich recht entsinne, bestand sein Kostüm aus einer Baskenmütze, einer leichten Regenjacke aus Seide – oder trug er doch eine Nehru-Jacke? –, blauen Hosen und blauen Schuhen. Brother Blue war nicht mehr der Jüngste und starb in meinen Teenager-Jahren. Er hatte großen Erfolg, und die Leute mochten ihn gern.

Auf der anderen Seite des Flusses, in Cambridge, gab es in dieser Zeit einen Fahrrad fahrenden Landstreicher, der ebenfalls ausschließlich Blau trug und dem die Gäste der Cafés manchmal eine Tasse ausgaben, wenn er vorbeiradelte. Seine Fans nannten ihn den »Bürgermeister vom Central Square«. Der »Bürgermeister« war ein bisschen verrückt: Er hatte das Antlitz eines Senators, umkränzt von schwarz-grauen Locken, auf denen er einen Eishockeyhelm trug. Diesen hatte er mit Aluminiumfolie nachgerüstet, um ihn auch auf interstellaren Reisen nutzen zu können. Ein kosmisches Kostüm also, dessen Blau von zwei Ketten aus Katzenaugen unterbrochen wurde, die er sich über die Brust geworfen hatte wie Pancho Villas Revolutionäre ihre Patronengurte.

»Schwarz« ist vermutlich die Farbe, der man in Amerika nicht ausweichen kann. Spuren davon pulsieren im Kreislauf der Nation, manchmal machen sie uns krank. Als Schwarzer Blau zu tragen, ist in etwa so, als zöge man eine arbiträre Farbe an, um eine andere in den Vordergrund zu rücken. Man legt ein Zeichen an, das für jenes Ding steht, als das man betrachtet und angerufen wird, während man diese Bedeutung zugleich verweigert oder verschiebt. In einer einzigen Geste kommen so das Wissen um die Einschränkungen, denen man unterliegt, und ihre magische Zurückweisung zum Ausdruck. »What did I do / to be so black and blue?«, sang Fats Waller (der später auf bedeutende Weise von Ralph Ellison zitiert wurde). »Blue« im Sinne von verletzt und mit blauen Flecken übersät; »blue« im Sinne von »schwarz«; im Sinne von »I've got the blues« oder »ich bin traurig«; und natürlich im Sinne von »blau«, dem Sprössling des Firmaments und der himmlischen Sphären.

Einmal beging ich den Fehler, einem Freund meine Theorie darzulegen. Dass Blau die wahre Farbe der Seelenfreiheit sei. Dass sie einen Widerwillen gegenüber der Konformität bedeute und ein Bekenntnis zu den Farben des Kosmos: zu Brombeer- und Fliedertönen, Royalblau, Lapislazuli. Er lachte freundlich. Wie ich so da stand, den Finger noch zur Betonung eines Arguments erhoben, zeigte er auf meine indigoblauen Jeans, mein T-Shirt im grünlichen Blau der Eier der Wanderdrossel, auf meinen marineblauen Sweater.

Aber das war nur ein Versehen! Man kann Blau als ein Symbol für irgendetwas anderes lieben. Man weiß nur nicht, für was dieses Symbol steht, bis man die Dunkelheit hinter der Farbe erkennt. Bis man die Ketten erkennt, die man zu sprengen im Begriff steht, um der Freiheit zuzustreben. Und bis man sich der Kosten bewusst wird, die damit verbunden sind.

Rappen lernen

Man muss dem Schicksal dankbar sein, wenn die Erfindung einer bedeutenden Kunstform in die eigene Lebensspanne fällt. Umso peinlicher ist es dann allerdings, wenn man sie nicht sofort versteht oder nicht angemessen würdigt, wenn man nicht von Anfang an von ihr begeistert oder gar ein richtiger Fan ist. Besonders beschämend wird die ganze Sache, wenn die Begeisterung für diese Kunst es einem ermöglicht hätte (und sei es nur in der eigenen Vorstellung), die Rassenschranken innerhalb der amerikanischen Gesellschaft zu überwinden – zumindest so weit, wie ein Weißer, der sich dieser Grenze von der falschen Seite nähert, gehen kann, ohne sich selbst etwas vorzumachen. Hip-Hop und ich, wir sind zur selben Zeit groß und dann gemeinsam erwachsen geworden. Doch wie viele andere politisierte weiße Mittelklasse-Amerikaner meiner Generation beging ich einen Fehler von historischem Ausmaß:[1] Ich entschied mich, an Postpunk zu glauben,

---

1 An dieser Stelle sind vielleicht einige Sätze zum Begriff »weiß« angebracht. Wenn ich (als Literaturwissenschaftler und Publizist) nicht im Dienst bin, versuche ich, diese Kategorie vollkommen aus meinem Denken zu streichen. Unabhängig davon ist es natürlich das genau richtige Wort für jene bleichen Gesichter, an denen so viele Privilegien hängen. Manche Weiße tun dann so, als seien sie nicht in erster Linie weiß, sondern Iren, Italiener, Polen oder Juden. Sie spielen die ethnische Karte aus, das finde ich aber ein bisschen verlogen. Ich bin in einer Umgebung aufgewachsen, die extrem von dem Bewusstsein geprägt war, der jüdischen Minderheit anzugehören. Die amerikanischen Juden haben sich je-

174

nicht an Rap. Und das bedeutete, dass ich einem unbedeutenden Ableger (Postpunk) eines (an sich schon) unbedeutenden Genres (Punk) die Treue schwor, der das Letzte aus einem einst bedeutenden Musikstil herausholte, der im Prinzip schon 1972 erledigt war (Rock). Ich wurde also Postpunk-Fan, anstatt mich einer neuen Musikrichtung von wahrhaft weltgeschichtlichem Rang anzuschließen.

Ganz praktisch hatte dieser Fehler zur Folge, dass ich nicht lernte, richtig zu rappen, als mein Gehirn noch geschmeidig war, in einem Alter, in dem man neue Sprachen ohne großen Aufwand absorbiert. Nicht, dass ich vollkommen unfähig wäre, wenn es ums Rappen geht, und natürlich habe ich hin und wieder ein paar Rhymes vor mich hin gebrummelt, aber ich habe mir eben nie wirklich Mühe gegeben.

Letztes Jahr, also etwa zwanzig Jahre später, entschloss

doch ebenfalls enorme Vorteile erobert, indem es ihnen gelang, sich unter die Weißen einzureihen. Selten hatte eine beiläufige Bemerkung eine so beschämende, zugleich aber auch erleuchtende Wirkung auf mich wie eine Aussage Ralph Ellisons, der 1963 in einem Interview über die Zukunft der Minderheiten-Literatur, das der jüdische Journalist Irving Howe mit ihm führte, sagte: »[I]n Situationen wie dieser sehen viele Schwarze, und das gilt auch für mich, einen positiven Unterschied zwischen ›Weißen‹ und ›Juden‹. […] Als Schriftsteller und schwarzer Amerikaner würde ich mich sehr freuen, wenn es uns gelänge, diese positive Unterscheidung aufrechtzuerhalten.« Letztendlich wurde diese Unterscheidung jedoch fallen gelassen, zumindest immer dann, wenn die Mehrheit der Juden sonst auf etwas hätte verzichten müssen. Wir, die Enkel dieser Debatte, die Angehörigen jener Generation, die von der Assimilation der Juden im weißen Amerika profitiert haben, können also schwerlich zwischen unserer weißen und unserer jüdischen Identität hin und her wechseln, wie es uns gerade passt.

ich mich, dieses Versäumnis endlich wiedergutzumachen. Die Irritation, die mich letztendlich dazu motivierte, bestand darin, dass ich zwar bei Rocksongs mitsummen kann (und natürlich kann ich auch bei einigen wirklich mit*singen*, weil ich doch über ein recht großes Repertoire an Texten klassischer Lieder wie »Sunshine of Your Love«, »How Much Is that Doggie in the Window« usw. verfüge), dass ich aber nie wirklich mitrappen kann, mal abgesehen von einigen wenigen einfachen Refrains. Ich komme nicht einmal bei den Stücken mit, von denen ich dachte, dass ich sie sehr gut kenne und die mir im ersten Jahr der Amtszeit Obamas immer häufiger in den Sinn kamen. Irgendwie fand ich dieses Defizit unheimlich, um nicht zu sagen rassistisch.

Man ahnt gar nicht, wie schwer Rappen ist, bevor man es einmal ernsthaft versucht. Ich legte mir einen überschaubaren Lehrplan zurecht und nahm mir vor, mit den echten Klassikern zu beginnen. Nicht mit zweitklassigen Fingerübungen, sondern mit den besten Songs überhaupt. Dieses Mal sollte mein Repertoire all die Lieder enthalten, die ich wirklich gerne mag. Sie sollten ab jetzt für immer ein Teil meines Lebens sein, egal wie spät ich damit anfing, sie genauer zu studieren. Also begann ich mit dem zweiten Track von Nas' erstem Album, »N. Y. State of Mind«, einem Song, der über Jahre hinweg in meinem Hinterkopf herumgespukt hatte.

»I think of crime / When I'm in a New York state of mind« – solch einfache Zeilen hatte ich schon drauf. Natürlich auch den berühmten Aphorismus »I never sleep / 'Cause sleep is the cousin of death«, der ohnehin andauernd irgendwo zitiert wird. Dazu Angebereien à la »It's only right / That I was born to use mics«, ein Rhyme, nach dem ein Buch von Michael Eric Dyson benannt ist. Dummerweise hatte ich mich der Illusion hingegeben, dass man einen ganzen Vers genauso leicht lernen könne wie einen einzelnen Aphorismus oder einen Refrain. Ich dachte also, es sei das Beste, einfach vorne anzufangen, immer wieder zurückzuspulen und so den ganzen Text auswendig zu lernen. So hatte ich es schließlich bei Rock-klassikern und Folk-Balladen gemacht. Eines diesigen Tages ging ich also in den Park, setzte meine Kopfhörer auf und drückte Play …

»Rappers I monkeyflip 'em with the funky rhythms I be kickin' –«

»Rappers I …« Wie bitte? »Rappers I monkeyflip 'em with the funky rhythms I be kickin' –« »Rappers I hmhmmh …« Nein. »Rappers I go up in 'em …« Auch nicht. »Rappers I grow up with 'em …« Vergiss es.

Nas sagt hier, sein rhythmischer Flow habe eine solche Wucht, dass es seinen Konkurrenten die Beine unter dem Körper wegzieht. Er wirbelt sie durch die Luft und lässt sie auf den Boden krachen wie ein Alphamännchen, das einen unterlegenen Affen über die Schulter wirft, oder Bruce Lee, der mit seinem Kung Fu reihenweise tollpat-schige Gegenspieler außer Gefecht setzt. Dass er dafür nur seine musikalischen Talente benötigt, stellt Nas in der zweiten Zeile klar:

»Musician, inflicting composition«

Mein Problem war aber zunächst einmal die erste Zeile, und irgendwann kam mir die Sache aussichtslos vor. Die erste Zeile besteht aus siebzehn Silben, verpackt in gerade mal zwei Takte, acht Beats in einem schnellen Vier-Viertel-Takt. Für mein Ohr setzt der Gesang leicht verzögert ein, nach einer Viertel-Pause, und die letzten Silben lappen in den nächsten Takt hinüber. Das Metrum ist nicht jener marschierende Jambus, den man von der englischen Versbildung kennt, es klingt eher wie ein Trochäus, vermittelt den Eindruck eines »fallenden« Rhythmus.

Siebzehn Silben! Denken Sie zum Vergleich einmal an die etwa gleich lange erste Zeile von Elvis' Version von »That's All Right (Mama)« aus dem Jahr 1954, eine Art Startschuss in der Geschichte des Rock:

>»Well, that's all right, Mama«

Sechs Silben, die durch die Zäsur noch langsamer wirken, in der Zeit, in der Nas siebzehn unterbringt. Okay, man kann jetzt natürlich sagen, dass dieser Vergleich unfair ist, weil Elvis sich erst einmal richtig warm laufen musste. Nehmen wir also die erste Zeile von »All Shook Up«, das drei Jahre später aufgenommen wurde:

>»Well, bless-ah my soul, what's wrong with me.«

Neun Silben, in zwei Takten.

Natürlich macht nicht die Anzahl der Silben die Qualität von Songtexten aus (das wäre so, wie wenn man eine Oper danach bewerten würde, wie viele Leute auf der Bühne stehen), sondern die Bedeutung der Worte und die Art und Weise, wie sie über den Rhythmus gelegt werden und wie der Interpret mit seinem Atem haushaltet.

Was einem schnell auffällt, wenn man sich ein bisschen

mit Hip-Hop beschäftigt, ist, dass es sich dabei um eine viel komplexere lyrische Kunstform handelt als alles, was Rockmusiker in der Geschichte ihres Genres zuwege gebracht haben, und daran hat sich auch in den letzten zwanzig Jahren nichts geändert. (Ich habe festgestellt, dass Weiße in meinem Alter, vor allem aber, wenn sie noch etwas älter sind, immer sofort in paarreimige Couplets verfallen, wie wir sie von Kinderliedern kennen, wenn sie zu rappen versuchen; doch das macht seit dem Ende der Old-School-Ära vor etwa zwanzig Jahren kein professioneller MC mehr. Mit modernem Hip-Hop hat das in etwa so viel zu tun wie zeitgenössische Rockmusik mit den Bands aus der Zeit, in der es noch keine richtigen E-Gitarren ohne Resonanzkörper gab.)

Es kostete mich eine Woche endlosen Hin- und Herspulens, bis ich »N. Y. State of Mind« halbwegs beherrschte. Wenn ich laut rappe, bekomme ich die Betonungen allerdings immer noch nicht richtig hin. Dazu kommt, dass meine Rap-Stimme eben wie die Stimme eines Weißen klingt, weshalb sie sich für mein Ohr (und ich fürchte für alle anderen Ohren auch) wenig anziehend anhört. (Ich habe immer sorgfältig darauf geachtet, dass niemand in der Nähe war, wenn ich übte.) Das Rappen lebt von Muskelbewegungen, für die mein Mund noch nicht bereit war, außerdem von enormer Konzentrationsfähigkeit und einer Präzision, die sich kaum über längere Zeit hinweg aufrechterhalten lässt. Fähigkeiten, die man schlichtweg nicht braucht, wenn man Rocksongs singt, und seien sie – wie etwa die von Bob Dylan – noch so wortreich.

Ich sollte vielleicht hinzufügen, dass ich ziemlich lange im Internet recherchieren musste, bis ich eine plausible Interpretation von Nas' erster Zeile gefunden hatte. Dabei stieß ich auf unzählige Webseiten, auf denen Exegeten über diesen Texten brüten – und es sind längst nicht alle Dispute über die richtige Auslegung ausgestanden.

*

Ich bin in einem Vorort von Boston aufgewachsen. In meiner Kindheit war meine Großmutter praktisch immer präsent. Wenn sie nicht den Zug nahm, um das Wochenende bei uns zu verbringen, besuchten wir sie in ihrer Genossenschaftswohnung in der Nähe der Williamsburg Bridge auf der Lower East Side von Manhattan.

Etwa zwanzig Jahre zuvor hatte die New York Housing Authority auf der anderen Seite der Delancey Street die Gompers Houses errichtet, nach einem Gewerkschaftsführer benannte Mietskasernen mit Sozialwohnungen. Zu diesem Zweck wurde das halbe Viertel planiert, darunter auch der Block in unserer Straße, in dem mein Großvater geboren war (auf einem Küchentisch im zweiten Stock der Mietskaserne, so wollte es zumindest die Familienlegende). Eigentlich ging es darum, die Slums aufzuräumen, man sprach jedoch von »Stadterneuerung«. Die Geschwindigkeit, mit der die Behörden Menschen in die neuen Sozialwohnungen umsiedelten, vertiefte zusammen mit der Wirtschaftskrise, die New York in den späten siebziger Jahren erfasste, die Brüche zwischen den einkommensschwachen orthodoxen Juden in den Arbeiterwohnungen auf unserer Seite der Straße und den einkommensschwachen Puerto Ricanern, die gemeinsam mit Schwarzen und Neuankömmlingen aus der Dominikanischen Republik in der »Loisada« wohnten.

Eine Zone, in der sich die verschiedenen Bevölkerungsgruppen begegneten, war der Sheriff Park (heute Gulick

Park) direkt unter dem Fenster meiner Großmutter, die im ersten Stock wohnte. Damals, ich muss so fünf oder sechs gewesen sein, hörte ich zum ersten Mal Rapper und Beatboxer, die Musik kam von den Picknick-Tischen im Park. Ich fand heraus, um welche Uhrzeit sich rund um batteriebetriebene Kassettenrekorder (Weiße nannten sie damals noch »Gettoblaster«) kleine Grüppchen versammelten, die mit dem Lärm des J- und des Z-Train wetteiferten, der direkt über uns auf die Brücke fuhr und so etwas darstellte wie eine rollende Leinwand für Graffiti, die heute zwar bejubelt werden, damals aber noch als etwas Erschreckendes galten. Dass meine Großmutter die *Daily News* las, die praktisch jeden Tag – zumindest immer wenn ich da war – auf der Titelseite berichtete, dass wieder jemand auf die Gleise geschubst, in den U-Bahn-Tunnel gezerrt und dort vergewaltigt oder ausgeraubt und zusammengeschlagen worden war, trug nicht gerade zur Beruhigung unserer Familie bei. Diese Meldungen hielten bis 1984 an, dem Jahr, in dem der als »Subway Vigilante« bekannt gewordene Bernard Goetz, ein Weißer, vier Schwarze niederschoss, die ihn angeblich bedrängt hatten. Immer wenn ich die Kassettenrekorder hörte, legte ich meinen Kopf auf das Fenstersims und lauschte wie ein Spaniel. Oder ich schmiegte mein Gesicht in die Gardine, die zu zerreißen drohte, bis mein Vater zum fünften Mal rief, ich möge doch nun bitte endlich zum freitäglichen Sabbat-Essen kommen.

Besonders gut erinnere ich mich an einen Spaziergang, den ich 1980 oder 1981 mit meinem Vater unternahm. Wir liefen durch die Straßen, in denen er aufgewachsen war, und sahen plötzlich, wie aus einem Fenster in einem der oberen Stockwerke der Wohntürme eine Schallplatte nach der anderen segelte und auf dem Gehweg zerschellte. »Warum machen die das?«, fragte ich. Ich war ziemlich beeindruckt, dass dort jemand wohnte, der es sich leisten konnte, derart verschwenderisch mit Schallplatten umzugehen. Selbst meine Eltern hatten nur eine kleine Sammlung (die LPs stammten hauptsächlich aus ihrer College-Zeit), und ich wünschte mir Platten sehnlicher als Bonbons oder Gold. Eigentlich hatte man mir doch beigebracht, dass dort *arme Leute* wohnten, eine Kategorie, von der ich damals noch nicht wusste, dass man sie auch auf meine Großmutter und ihre Nachbarn anwenden konnte. »Dafür gibt es keine Erklärung«, sagte mein Vater.

Der erste Song, den ich je zu rappen versucht habe – zumindest den Refrain –, stammte von einem K-Tel-Sampler auf Kassette. Es war »The Message« von Grandmaster Flash and the Furious Five. K-Tel stellte jeden Monat die größten Radiohits zusammen, um sie dann in Drogerien oder nachts im Fernsehen billig zu verkaufen. Ich lag auf meinem Bett in unserem Bostoner Vorort, spulte immer wieder zurück und lernte den Text, der auf dem Beat betont wird, zerhackt in einfache Viertelnoten:

»Don't – push – me – 'cause – I'm – close – to – the … edge
I'm – try – in' – not – to – lose – my – head …
Ha ha ha ha
It's like a jungle sometimes it makes me wonder how I keep from goin' under.«

Die Strophen habe ich damals nicht gelernt, und ich kann sie bis heute nicht auswendig. In meinem Kopf stellte ich jedoch eine Verbindung zwischen dieser Stimme, vor allem dem zornigen Lachen, und dem Rätsel der Schallplatten her, die aus dem Fenster hoch oben in der Wohnsiedlung segelten.

Ein Standardmotiv, das in allen Erzählungen über die eigene Hip-Hop-Biografie auftaucht (bei Fans, aber auch bei den Musikern), ist der Moment, in der die jeweilige Person zum ersten Mal hört, wie jemand einige Minuten am Stück rappt. Man realisierte, dass da etwas Außergewöhnliches passierte, das einen sofort veränderte. Jay-Z zum Beispiel beschreibt in seiner Autobiografie *Decoded*, wie er einen Teenager sah, der bei den Marcy Housing Projects (am, von der Delancey Street aus gesehen, anderen Ende der Williamsburg Bridge in Brooklyn, gerade einmal eine U-Bahn-Station entfernt) inmitten einer kleinen Gruppe von Menschen stand und ohne Begleitung ein paar Takte freestylte.

Als Hip-Hop im Bewusstsein der amerikanischen Öffentlichkeit auftauchte, war selbst mir als weißem Mittelklasse-Kind aus der Vorstadt, das davon im Radio und im Fernsehen so gut wie nichts mitbekam und das von der schwarzen Community komplett abgeschnitten war, klar, dass hier etwas Bedeutendes vor sich ging. Auch ich wollte unbedingt Werte in dieses Phänomen hineinlesen, um es »realer« zu machen. Politische Werte, die eine Alternative zu Ronald Reagans grinsendem Kürbiskopf darstellten, den ich zur Zeit seiner Wiederwahl 1984 bereits aus den Abendnachrichten kannte und der mir bald wie die Fratze des Todes vorkam.

*

Im Nachhinein wundere ich mich darüber, wie viele musikalische Schlüsselmomente der frühen Geschichte des

Hip-Hop ich über die Jahre hinweg selbst mitbekommen habe. Ich kann mich noch daran erinnern, es muss so 1985 gewesen sein, dass ich abends lange aufblieb, weil ein kleiner Musik-TV-Sender in Boston Run-DMC spielte. 1988 gelang es mir dann irgendwie, *Straight Outta Compton* von N.W.A. auf Kassette aufzutreiben, obwohl die Platte damals im Radio nicht gespielt oder beworben wurde, weil die Medien sie wegen Songs wie »Fuck tha Police« oder »Gangsta Gangsta« an den Pranger stellten. *People's Instinctive Travels in the Paths of Rhythm* von A Tribe Called Quest kannte ich in- und auswendig, die ersten Alben von De La Soul ebenso. Damals gab es übrigens Weiße, die zu berichten wussten (wie sie an diese Informationen kamen, ist mir bis heute nicht klar), diese Bands würden in der schwarzen Community als »Hippie-Rapper« oder »Rucksack-Rapper« verspottet. Zwei Acts aus dem Goldenen Zeitalter des Hip-Hop, Black Sheep und Ice-T, sah ich sogar – mehr oder weniger aus reinem Zufall – live und mit eigenen Augen: einmal aus einer Distanz von etwa zehn Metern (ich hatte einen Sitzplatz), einmal aus einer Entfernung von wenigen Zentimetern (man hatte mich gegen die Absperrung vor der Bühne gepresst). Ich kam also durchaus mit Hip-Hop in Kontakt, aber er blieb so etwas wie ein offenes Geheimnis, eine Art von Wissen, das da war, das man aber nie bewusst nutzte. Vermutlich ging es anderen Weißen in meinem Alter ähnlich. Viele von uns machten damals den Fehler, uns dem Hip-Hop (als was eigentlich genau: einer Identität?) nicht voll und ganz hinzugeben. (Auch hier gab es natürlich Ausnahmen. Ich erinnere mich noch gut daran, wie verblüfft ich war, als ich eine frühe Ausgabe des Fanzines *The Source* in die Finger

bekam und sah, dass zwei weiße Jungs das Heft heraus-
brachten.)

Ich hatte also alle Chancen, mein Herz an den Hip-
Hop zu verlieren. Ich habe es einfach nicht getan. Irgendwann kommt eben der Augenblick, in dem man sich für
eine Musikrichtung entscheiden muss, die einen von diesem Moment an definieren wird. Es geht dann nicht mehr
um das rein private Vergnügen, sich im Kinderzimmer
irgendwelche Platten anzuhören, sondern um viel mehr:
um Klamotten, Verhaltensweisen, Freunde, die ganze öf-
fentliche Identität. Wenn wir von Subkultur reden, dann
reden wir immer von einer Kultur, die von Teenagern bestimmt wird, jedenfalls in Amerika. Und die Musik ist das
Herzstück jeder Jugendkultur.

Ich weiß genau, wann ich den großen Fehler beging.
1989 kam ich auf die Highschool, und ältere Schüler begannen, mir Kassetten weiterzugeben. Meistens waren es
irgendwelche Bands, die man in keinem Laden kaufen
konnte. Zumindest nicht in den Geschäften, die ich damals frequentierte. Ich hörte also Dinosaur Jr., Hüsker
Dü, die Replacements, die Pixies, Velvet Underground
usw. Irgendwann, es war die Woche, in der die Weichen
gestellt wurden – warum hat mich bloß niemand gewarnt? –, steckte man mir *Complete Discography* von
Minor Threat und *It Takes a Nation of Millions to Hold
us Back* von Public Enemy zu.

Public Enemy hatten sich schon seit einiger Zeit in meinem Bewusstsein eingenistet. Ihre Sachen bekam man
auch in meinem heimatlichen Vorort-Plattenladen, eine
der sonderbaren Folgen der Verflechtung des Hip-Hop-
Business mit dem Massenkonsum. Außerdem hatte ich
Public Enemy bereits früher in jenem Sommer gehört, in

der langen Anfangssequenz von Spike Lees Film *Do the Right Thing*. Wie Rosie Perez darin zu »Fight the Power« tanzt, fand ich einfach überwältigend. Ich sah den Film dienstags in einer Matinee, taumelte nach Hause, und kuckte ihn mir gleich am nächsten Tag noch einmal an. Der Refrain von »Fight the Power« bedeutet mir beinahe so viel wie die amerikanische Nationalhymne, auch wenn ich bis heute nur heimlich und leise mitsummen kann, ohne mich ganz fürchterlich zu schämen (»Fight the power! – We've got to fight the powers that be!«). Ich erinnere mich sehr gut daran, wie diese Zeilen mein kindliches Bewusstsein aufweckten:

> »Elvis was a hero to most, but he never meant shit to me
> Was he straight up racist, a sucker, or simple and plain?
> (Motherfuck him and John Wayne!)
> 'Cause I'm black and I'm proud, I'm ready, I'm hyped
>   plus I'm amped
> Most of my heroes don't appear on no stamp.«

»Wer waren diese geheimen Helden?«, fragte ich mich damals. Und sollten es nicht auch meine Helden sein?

Minor Threat hatten einen ganz anderen Effekt auf mich. Minor Threat war eine Hardcore-Postpunk Band aus Washington, D.C. Die Texte wurden geschrien, das Schlagzeug war superschnell, treibend und direkt, keine Spur vom Funk, Swing oder von den schleppenden Rhythmen der schwarzen Musik. Politisch waren ihre Texte geprägt von puritanischer Opposition gegen ein Amerika, das genauso böse war und alles Gute erstickte wie das in den Songs von Public Enemy. Ihre Haltung verband das schlechte Gewissen der Linksliberalen mit der

Empörung der Mittelklasse. Ein Song handelte tatsächlich von dem Schuldgefühl darüber, auf der falschen Seite der Rassengrenze zu leben (»Guilty of Being White«), in den übrigen ging es allerdings darum, ein Abweichler zu sein, ein Systemgegner – in einer Welt, in der alle Wertmaßstäbe selbst falsch waren. Nicht nur, dass die guten Jungs nie Weiß trugen (»Good Guys Don't Wear White«), einfach alles war irgendwie aus dem Tritt geraten (»Out of Step«):

>»Don't – smoke
>I don't – drink
>I don't – fuck
>At least I can – fucking think!
>
>I can't keep up, I can't keep up, I can't keep up.
>Out of step – with the world!«

Bald verschrieb ich mich mit Herz und Seele Fugazi, der Nachfolgeband von Minor Threat. Die Rhythmen waren interessanter, und die Gesellschaftskritik entsprach noch mehr dem Lebensgefühl in unserem Vorort. Fugazi prangerten voller Wut die verwaltete Welt, Apathie, Passivität und ein Dasein an, das wir in den Wartezimmern der Gesellschaft verbrachten, während uns die Autoritäten Medikamente verabreichten, um uns ruhig zu stellen: »Once upon a time I had a name, I had a face / but to you, I'm nothing but a number.« (Immer wieder erstaunlich, wie sehr Weiße es hassen, auf eine Nummer reduziert zu werden.) »You are not what you own ... You have – no control!«

Das war der Ethos des Postpunk, wie ich ihn kennen-

und schätzen lernte. Selbsthass, gemischt mit der Aufforderung, sich zusammenzureißen und eine alternative Welt aufzubauen, von der aus man gegen das System kämpfen konnte. In gewisser Weise war ich dafür angesichts meiner Position im Klassengefüge prädestiniert. Meine Eltern waren aufgestiegen, sie gehörten nun zur Schicht der Freiberufler und leitenden Angestellten, und ich hatte diese Entwicklung miterlebt. Man konnte sie vor allem an den Besuchen bei meiner Großmutter ablesen, und mir war bewusst, dass dies eine seltsame Situation war. Meine Eltern vermittelten mir Werte, in denen sich der Arbeiter- und Produzentenstolz der unteren Mittelklasse mit den entgegengesetzten Idealen der »Authentizität« und der »Sinnhaftigkeit« verband, die in der neuen, höheren Klasse hochgehalten wurden. Wir gehörten nun zur Schicht der Intellektuellen, Ärzte, Geschäftsleute, Anwälte und Ingenieure. Dabei handelt es sich um eine Klasse, deren politischer Widerstand seinen Ausdruck findet im Wunsch nach einer individualistischeren und humaneren moralischen Ordnung; man ist gegen die Konzentration von Macht und Wohlstand, ohne jemals am System selbst zu verzweifeln. Ihre Rebellion ist immer zugleich staatsbürgerlich und privatistisch.

Die meisten Postpunk-Bands waren dezidiert »antikapitalistisch«. Doch genau wie die breitere antikapitalistische Bewegung, die in den sechziger Jahren entstand und dann in den Neunzigern noch einmal kurz in den Schlagzeilen auftauchte, richtete sich der Widerstand weniger gegen den Kapitalismus als solchen, als vielmehr gegen Monopole, gegen Ausbeutung, gegen die großen Konzerne. Es waren die klassischen Formen der bürgerlichen oder kleinbürgerlichen Rebellion, die letztendlich auf linksliberale Reformen zielt. Mit der politischen Haltung von *It Takes a Nation of Millions to Hold Us Back* hatte das alles wenig zu tun.

*

Manchmal lernt man die wirklich einfachen Wahrheiten, wenn man sich entschließt, aktiv zu werden. Daher gehen auch die meisten unserer dummen Irrtümer auf mangelnde Erfahrung zurück. Als ich weiter an meinen Rap-Künsten feilte, verstand ich endlich ein Phänomen, das mir in den Straßen von Boston, New York und allen anderen amerikanischen Städten aufgefallen war, in denen ich bis dahin gelebt hatte. Ich kapierte plötzlich, warum man so vielen jungen Schwarzen begegnete, die auf dem Bürgersteig Quick-Step-Moves hinlegten, die in der U-Bahn ihre Show abzogen und aus vollem Hals zu den Songs rappten, die aus ihren Kopfhörern dröhnten. Man stößt einfach nicht sonderlich häufig auf Anhänger anderer Musikstile, die in der Öffentlichkeit laut vor sich hin singen, verrückte alte Leute, die irgendwelche Schnulzen trällern, einmal ausgenommen. »Hmmh?«, fragte ich mich, »welche überzeugende Interpretation hat die linke Theorie für dieses merkwürdige Verhalten zu bieten, das auf den ersten Blick wie reine Unhöflichkeit aussieht?« Natürlich hatte ich die klassische Erklärung für Graffiti und Skateboard-Fahren parat: dass es sich dabei eben um Strategien handelt, den öffentlichen Raum zurückzuerobern, der anonymen Figuren gehört, in dem Weiß und Schwarz, Reich und Arm zunehmend voneinander getrennt werden und der ganz allgemein von den Erwachsenen dominiert wird.

Da ich nun aber im Begriff stand, selbst Rappen zu lernen, verstand ich plötzlich, dass es einfach praktisch war, es in der Öffentlichkeit zu tun, praktisch und außerdem dringend notwendig. Der Lernprozess ist ziemlich anstrengend. Das ganze Üben ist eigentlich für die Katz, wenn man die Texte nur flüstert und nicht so laut rappt, wie man es auf der Bühne tun würde, nicht zuletzt, weil man dann ganz andere Atemtechniken braucht. Tatsächlich gab es in dieser Phase so vieles zu lernen (das ganze Referenzsystem der Rhymes und Darbietungen), dass ich im Prinzip rund um die Uhr üben musste. Wie ein homerischer Barde, der Tausende von Hexametern auswendig zu lernen hat, bevor er vor irgendeinem Kriegsherrn oder König auftritt. Und natürlich half es auch dabei, das Lampenfieber zu überwinden, wenn man in der U-Bahn oder an anderen öffentlichen Orten trainierte. Zugleich wirkte ich damit selbst ein bisschen bedrohlich, eine Dynamik, die James Baldwin (in *The Fire Next Time*) als notwendige Aneignung dessen beschrieb, was andere auf einen projizieren: »Man brauchte einen Trick, irgendeinen Hebel, ein Mittel, um den anderen Angst einzujagen.« Tatsächlich hat es ja wirklich etwas Bedrohliches, wenn jemand hinter einem her geht oder in der U-Bahn neben einem steht und »Protect ya Neck« rappt.

Wenn ich mich recht entsinne, arbeitete ich damals an Snoop Dogs »Tha Shiznit« und an »Party & Bullshit« von Notorious B.I.G., einem Klassiker und offenkundig sehr fröhlichen Song:

»I was a terror since the public school era
Bathroom passes, cutting classes, squeezin' asses
Smokin' blunts was a daily routine,
Since 13, a chubby nigga on the scene.

I used to have the tre-deuce and a deuce-deuce in my
   bubble goose
Now I got the Mac in my knapsack loungin', black …

Honeys wanna chat, but all we wanna know
Is where the party at? And can I bring my gat?
If not, I hope I don't get shot
Better throw my vest on my chest, 'cause niggas is a
   mess.«

Die Nummer ist ein typischer Hip-Hop-Party-Song, wir
finden darin die üblichen Erinnerungen an die Gedankenlosigkeit der Jugend: Biggie war der Klassenclown, alles, was er und seine Clique wollten, waren Partys und
Mädchen. In der rhythmisch besonders anspruchsvollen
Zeile (»I used to have the tre-deuce and a deuce-deuce in
my bubble goose«) behauptet er allerdings, dass er bereits
mit dreizehn zwei Pistolen (eine im Kaliber 0.22, eine im
Kaliber 0.32) in seinem Winterparka versteckt hatte, genau wie er jetzt, einige Jahre später, angeblich immer eine
MAC-10-Maschinenpistole und eine schusssichere Weste
dabei hat, die er in seinem alten Schulrucksack mit sich
herumschleppt.
   Als ich diesen Song lernte, wurde mir plötzlich ein weiterer Grund klar, warum ich mich nicht bereits früher diesen Klassikern eines Genres zugewandt hatte, das auf dem
besten Weg ist, zum langlebigsten in der Musikgeschichte
zu werden. In der Zeit, in der ich noch ein treuer Anhänger des Postpunk war, einer Stilrichtung, die mir zwar viel
bedeutete, die sich jedoch als historische Sackgasse erweisen sollte, brachte ich solche Texte einfach nicht über die
Lippen. Nun ging es plötzlich, und es war ein merkwür-

diges Gefühl, als junger Mann durch die Straßen zu laufen, ohne Angst zu haben. Es fühlte sich komisch an, unbekümmert über Sachen zu rappen, die mich zwanzig Jahre zuvor irgendwie behindert hatten.

*

Zunächst war da einmal das Problem mit dem Wort »Nigger«, das schon immer eine sonderbar starke Wirkung auf weiße Hörer hatte, wobei ich glaube, dass das beabsichtigt war. Ähnlich wie andere formale Entwicklungen im Hip-Hop kann es als eine clevere kollektive Strategie gelten, um einer Übernahme des Genres durch die Weißen vorzubeugen.

Wir alle wissen, und in Hip-Hop-Songs wird oft genug darauf hingewiesen, dass Blues, Jazz und Rock 'n' Roll von weißen Musikern kolonisiert wurden, weil die Plattenindustrie auch ein weißes Publikum erschließen wollte. Eric Clapton, Paul Whiteman und Elvis Presley sind nur die berühmtesten unter Hunderten ähnlich fragwürdiger Figuren, die mehr Geld verdienten und mehr Ruhm ernteten als die Schwarzen, die diese Stilrichtungen erfunden hatten. »Nigger« gehört nun wiederum zu den wenigen Wörtern, die für zeitgenössische Weiße nach wie vor absolut unaussprechlich sind. Es ist schlicht und ergreifend das Wort, das Weiße einfach nicht gebrauchen. Das geht so weit, dass Weiße aus der Generation der Bürgerrechtsbewegung, die mittlerweile um die sechzig oder siebzig sind, das Wort buchstäblich nicht über die Lippen bringen. Sie sprechen vom »N-Wort«, und selbst wenn sie es nur zitieren sollen, würden sie es lieber mit Kreide an die Tafel schreiben. Sie werden rot, fangen an zu stottern, räuspern sich oder machen ein bedeutungsschwangeres

Gesicht. In gewisser Weise kann man dies durchaus als Sieg des Antirassismus verbuchen. Das Ende des Rassismus selbst war und ist allerdings eine Fiktion der Weißen. Weiße Menschen in einflussreichen Positionen können zwar nach wie vor damit leben, dass Schwarze verfolgt, dämonisiert, von der Polizei tyrannisiert oder einfach im Stich gelassen werden, aber sie würden sich lieber die Zunge abbeißen, als dieses Wort zu sagen. Selbstverständlich sind sie dazu in der Lage. Aber sie sind so sensibel, sie können es einfach nicht. Niemals!

Wenn ich mich nicht verhört habe, wird die Stimme des Comedians Richard Pryor auch heute noch häufig in Songs zitiert oder gesampelt, die in der mittlerweile auch schon ziemlich alten Tradition von Stücken stehen, in denen über die Bedeutung und den Gebrauch des Wortes »Nigger« nachgedacht wird. Er brachte 1976 ein enorm erfolgreiches Album mit Stand-up-Comedy heraus, dem er den Titel *Bicentennial Nigger* gab, und ist bis heute dafür berühmt, dass er das Wort in den Siebzigern wieder auf der Bühne verwendete, was damals eine kontroverse Debatte auslöste. In einem Pryor-Porträt, das der schwarze Autor Hilton Als Jahrzehnte später im *New Yorker* veröffentlichte, finden sich transkribierte Auszüge aus einem großartigen Fernsehgespräch zwischen Pryor und Barbara Walters, der liebenswürdigen Ikone des linksliberalen weißen TV-Establishments:

> »WALTERS: Wenn Sie auf der Bühne stehen, dann … Es ist nicht so einfach für mich, das zu sagen. Ich wollte eigentlich sagen, dass Sie dann über Nigger sprechen. Aber es geht nicht … Sie können das sagen, aber ich nicht.

PRYOR: Sie haben es gerade gesagt.

WALTERS: Ja, schon, aber ich fühle mich dabei so …

PRYOR: Aber Sie haben es doch sehr gut gesagt!

WALTERS: … unwohl.

PRYOR: Ja, schon, gut. Sie haben es sehr gut gesagt.

WALTERS: Okay.

PRYOR: Es war sicher nicht das erste Mal, dass Sie das Wort gesagt haben. (Gelächter)«

Im Hip-Hop ist der Begriff »Nigger« erst seit etwa 1988 allgegenwärtig. Man kann keinen halbwegs bedeutenden Song, der nach 1988 produziert wurde, vor sich hin rappen, ohne über das Wort zu stolpern, das Weiße nicht sagen dürfen. Es ist sicher kein Zufall, dass es genau in dem Moment auftaucht, als immer mehr Weiße sich für Hip-Hop interessierten, als Weiße (in absoluten Zahlen) mehr Hip-Hop-Platten kauften – was den Menschen bereits damals bekannt war – und Vanilla Ice in den Startlöchern stand. Das Wort »Nigger« war eine Art Sollbruchstelle: Wollte ein Weißer rappen, würde er sich bei diesem Wort verraten. Wenn man nur ein weißer Angeber war, konnte man eben nicht richtig rappen, also so, wie die Schwarzen es taten. Außerdem konnte man nie mit den offiziellen Reimen trainieren. Entweder konnte man nicht in der Öffentlichkeit rappen, Punkt. Oder man konnte nicht richtig rappen. Man lief mit diesem Makel herum, als ob man nur ein Bein hätte, war irgendwie auf sanfte Weise exkommuniziert.

»Nigger« ist ein extrem flexibler zweisilbiger Einschub, der sich im Englischen auf alles Mögliche reimt. Schon bald war das Wort ein unverzichtbarer Bestandteil, wann immer es darum ging, in Reimform zu prahlen:

»Nigger« reimt sich auf »bigger«, auf »trigger«, »figure«, »did her« usw. N.W.A. trieben die Sache auf die Spitze, indem sie sich einen Bandnamen aussuchten, den man weder drucken noch aussprechen konnte, außer in der abgekürzten Form (der eigentliche Name war dem Vernehmen nach »Niggas with Attitudes«).[2] Das Wort kam in Songtiteln und in Refrains vor, besonders »bewusste« und friedliebende Rapper (zum Beispiel A Tribe Called Quest in der Zeile »Sucka niggas / Nigga nigga«) verwendeten es ebenso wie die verwegensten (zum Beispiel der Wu-Tang Clan in »Shame on a nigga who try to run game on a nigga«) – es hatte den Eindruck, als ob die Wiederholung an sich eine Funktion erfüllte. Als besonders clever erwies sich einmal mehr Jay-Z, der ohnehin als König der Markenpflege in eigener Sache gelten kann. Er verpasste sich selbst den genialen Spitznamen »Jigga«, den er wiederum auf »Nigga« reimen konnte, was es ihm erlaubte, eine Unmenge an Titeln und Refrains zu fabrizieren: Es begann mit »Ain't No Nigga«, später folgten »Jigga that

2 Die alternative Schreibweise »Nigga« wurde eingeführt, damit Rapper ihre Texte aufschreiben konnten, ohne dass die Plattenfirmen das verbotene Wort abdrucken mussten. Die Schreibweise sollte Freundschaft zum Ausdruck bringen, nicht Hass. Zunächst bot es den Künstlern allerdings vor allem eine Möglichkeit, die strikten Regularien der Label in Bezug auf Album- und Songtitel zu umgehen. Irgendwann wurde aus »Nigga« dann ein eigenes Wort, ähnlich wie »Brother«, was im afroamerikanischen Kontext so viel bedeutet wie »schwarzer Mann«. Für Weiße war »Nigga« aber, Gott sei Dank, genauso unaussprechlich wie »Nigger«. (In meinem großen *Merriam-Webster's*-Wörterbuch wird das Problem folgendermaßen gelöst: »Nigga« wird als »afroamerikanischer« Begriff eingeführt, der vor allem von Afroamerikanern gebraucht und als Beleidigung aufgefasst werde, wenn Angehörige anderer Rassen ihn verwenden.)

Nigga«, »Nigga What, Nigga Who« und unzählige andere. »Ain't No Nigga« sollte nicht bedeuten, dass Jay-Z kein »Nigga« war (wie etwa noch in Sly Stones antirassistischem »Don't Call Me Nigger, Whitey«), sondern dass es keinen »Nigga« gab, der Jay-Z das Wasser reichen konnte. Eine Strategie, die ursprünglich entstanden war, um eine Vereinnahmung durch die Weißen zu verhindern, warf so irgendwann auch in formaler Hinsicht eine Dividende ab.

Die andere Rechtfertigung dafür, das Wort wieder zu verwenden, war die simple Tatsache, dass der Rassismus nach wie vor existierte und die Weißen mit den Schwarzen und damit auch mit den schwarzen Rappern immer noch wie mit Abschaum umgingen. Doch wenn das weiße Amerika sie schon wie »Nigger« behandelte, indem man ihnen in den Städten Jobs und Sozialleistungen wegnahm, indem man sie in dieser Hölle im Stich ließ, warum sollte man das dann nicht offen aussprechen? Diese Erklärung präsentierte N.W.A. schon ziemlich früh. »Niggaz 4 Life« ist nicht unbedingt ein herausragender Song, aber er bringt die Sache immerhin schnörkellos auf den Punkt:

»Why do I call myself a nigga you ask me?
I guess it's just the way shit has to be
Back when I was young gettin a job was murder
Fuck flippin burgers, cause I deserve a
nine-to-five I can be proud of, that I can speak loud of
And to help a nigga get out of
Yo! The concrete playground
But most motherfuckers only want you to stay down …

Why do I call myself a nigga you ask me?
Because police always wanna harass me
Every time that I'm rollin
They swear up and down that the car was stolen
Make me get face down in the street
And throw the shit out my car on the concrete
In front of a residence
A million white motherfuckers on my back like I shot
the President«

Die zweite Barriere, die einen jungen Weißen in der Zeit, als der Hip-Hop sich in eine wirklich epochale Kunstform verwandelte, daran hinderte, sich damit zu identifizieren, waren die Lebensbedingungen und die Todesgefahr, unter denen die schwarze Unterschicht in den späten Achtzigern ihr Dasein fristete. Zunächst gab es da die Epidemie der Morde. Wenn man vor zwanzig Jahren Texte rappte, in denen es um Totschlag ging, dann fühlte sich das so an, als ob man über reale Verbrechen redete. Diese Tatsache vergisst man heute, in einer Zeit, in der der explosionsartige Anstieg der Morde gestoppt und umgekehrt wurde und die Plagen der Armut und der Drogenabhängigkeit (in Form von Crystal Meth) auch die weiße Unterschicht erreicht haben.

Vor 1988, also bevor er in seine reife, welthistorische Phase eintrat, ging es in Hip-Hop-Songs nicht auffallend häufig darum, Menschen zu erschießen. Zwar kommen in den Texten durchaus Pistolen vor, und die MCs sprechen davon, dass sie zurückschießen würden, wenn man sie angriffe, aber solche Details ließen sich kaum vermeiden in einer Musik, die aus armen Vierteln hervorgegangen war, in denen Raubüberfälle zum Alltag gehörten. Also trug man selbst auch eine Waffe. Bei Public Enemy lagen die Dinge noch einmal anders: Die Gruppe erwähnte Schusswaffen im Kontext des revolutionären Selbstbewusstseins in der Tradition der Black Panthers, die sich ebenfalls Gewehre besorgt hatten.

Ab 1988 geht es dann allerdings darum, in Gangstermanier damit zu prahlen, wie viele Menschen man auf dem Gewissen hat, und einige der künstlerisch bedeutendsten Stücke handeln von Fantasien, in denen Rivalen erschossen werden. Nicht aus politischen Gründen oder aus Notwehr, sondern weil es eben Teil des Geschäfts ist. Der Mythos, wonach die Rapper selbst Gangster, Mörder und große Nummern im Drogengeschäft waren, wurde durch Figuren wie Dr. Dre, Ice Cube und Snoop Dog in Los Angeles aufrechterhalten und ließ auch in der Zeit nach den berühmtesten und tragischsten Morden nicht nach, die sich damals in der Welt des Hip-Hop ganz real ereigneten: Im September 1996 wurde der ursprünglich aus San Francisco stammende Tupac Shakur in Las Vegas in seinem Wagen erschossen, als er gerade auf dem Heimweg von einem Kampf Mike Tysons war; der New Yorker Rapper Notorious B.I.G. wurde dann ein halbes Jahr später, im März 1997, nach der Verleihung der Soul Train Music Awards in Los Angeles von einem Unbekannten mit mehreren Schüssen getötet, ebenfalls in seinem Geländewagen. Der Mythos geriet nicht ins Wanken, die Figur des Gangsters war nun umso fester verankert, als Tupac und Biggie in den Pantheon der Popkultur aufstiegen. Vor allem MTV schwelgte so lange lustvoll in ihren Geschichten, bis man nicht mehr umhin konnte zu glauben, dass die weißen Musikmedien ihre schwarzen Rapper dann besonders gern hatten, wenn sie erschossen worden waren.

Als Weißer Lieder zu singen, bei denen es sich – vermutlich – um realistische Beschreibungen des Lebens in den schwarzen Gettos handelte, hatte etwas unglaublich Gefühlloses an sich. Es verriet eine gewisse Gleichgültigkeit gegenüber den Bildern, die in den Nachrichten gesendet wurden, Bilder von weinenden Müttern und wütenden Predigern, die von den Reichen, von der Regierung, der Wirtschaft, dem Justizsystem und den Wohltätigkeitsorganisationen allein gelassen wurden. Wenn man in den späten Achtzigern und frühen Neunzigern in irgendeiner amerikanischen Stadt die Spätnachrichten anschaltete, waren in den Beiträgen über die Viertel der Schwarzen hauptsächlich schluchzende Menschen zu sehen. Sie weinten, weil ihre Söhne, Töchter, Brüder, Männer oder besten Freunde gezielt getötet oder von Querschlägern getroffen worden waren.

Die Anzahl der Morde in amerikanischen Städten war in diesen Jahren höher als zu irgendeinem anderen Zeitpunkt im 20. Jahrhundert, die Ursachen sind bis heute nicht endgültig geklärt, die meisten Opfer gab es unter Schwarzen und Latinos. 1995 gingen sie dann plötzlich massiv zurück, seither sinkt ihre Zahl weiter. Auch in New York gab es 1988 mehr Morde als jemals zuvor in der Geschichte der Stadt. Totschlag wurde zur häufigsten Todesursache für Afroamerikaner zwischen zwanzig und dreißig, vor Herzinfarkten und Autounfällen. Ihren Scheitelpunkt erreichte die Welle der Morde 1991. In diesem Jahr ereignete sich jeder zwölfte Mord im Land in New York, der Stadt, in der der Hip-Hop erfunden worden war und aus der nach wie vor die meisten Acts und Produktionsfirmen stammten. Das andere Epizentrum dieser Musik lag in den schwarzen Gettos von Los Angeles, Gegenden, die das Mainstream-Amerika nur aus der Hubschrauber-Perspektive zu betrachten wagte – im Rahmen der Berichterstattung über die Ausschreitungen im Jahr 1992.

»Don't ever question if I got the heart to shoot you / The answer is simply too dark for the user.« – »Cock the hammer, it's time for ac-tion.« – »Shoot point blank, a motherfucker's sure to die.« – »Beef is when I see you, guaranteed to be in ICU.« – »Let's picnic inside a morgue / Not pic-a-nic baskets, pic-a-nic caskets.« – »From the Beretta / puttin' all the holes in your sweater.« – »Picked the Mac up, told brothers back up, the Mac spit / Lead was hittin' niggas, one ran, I made him backflip.«

Die Songs waren offensichtlich eine Mischung aus Straßenreportagen und Fantasieerzählungen. Aber die sensationalistische Medienberichterstattung, nach der Hip-Hop zu Gewalt führte, interessierte weiße Teenager ohnehin nicht sonderlich. Sie hatten eher damit zu tun, dass es sich makaber anfühlte, bei Liedern mitzusingen, in denen es um ein Thema ging, das Amerika einfach nicht in Angriff nehmen wollte, ein Problem, das großes Leid verursachte und ein moralisches Desaster für die Nation darstellte. Und dann stand da immer der Verdacht im Raum, dass es eben doch eine enthemmende Wirkung für eine von Todesfällen, bei denen Schusswaffen im Spiel waren, niedergedrückte Gesellschaft haben könnte, wenn man hörte, dass Ereignisse, bei denen Menschen erschossen wurden, als heroische Akte besungen wurden.

Heute geht es, ich übe diese Texte. Im Kopf hatte ich sie ja ohnehin. Sie fühlen sich wie Fantasien oder Analogien an: für Konkurrenz, Stärke, alltägliche Auseinandersetzungen, für den Stolz der harten Kerle. »What's my motherfuckin' name? / Serial killer.« – »I protect mine / with a Tec-9.« Ich kann solche Sachen aussprechen, ohne darüber nachzudenken. Aber in der Öffentlichkeit werde ich leiser. In der U-Bahn trainiere ich mit Kopfhörern, ich rappe einfach still vor mich hin. Doch immer wenn das Wort »Nigger« kommt, muss ich eine Entscheidung treffen. Meistens ersetze ich es durch »Brother«, selbst dann, wenn mich eigentlich niemand hört. Vielleicht können sie ja Lippen lesen? Das ist zwar peinlich und beschämend, aber so ist es eben, wenn ein Weißer rappt. Ich halte meine Faust vor den Mund, als müsste ich husten, und lasse sie einfach dort.

*

Das größte Hindernis für politisierte weiße Mittelklasse-Teenager, die sich in den Neunzigern erstmals mit dem Hip-Hop aus den schwarzen Gettos konfrontiert sahen, stellte allerdings das Materialismus-Problem dar – und das war denn doch eine Überraschung.

Man muss sich an dieser Stelle noch einmal die ökonomische Geschichte der schwarzen Amerikaner im 20. Jahrhundert vor Augen führen. Von der Phase der Reconstruction unmittelbar nach dem Bürgerkrieg bis in die ersten Jahrzehnte des 20. Jahrhunderts hinein lebte die Mehrheit der Afroamerikaner nach wie vor im Süden. Als die Bundesregierung das Projekt der Reconstruction aufgab und ihre Truppen aus den Südstaaten abzog, so dass die ehemaligen Sklaven und ihre Nachfahren ihren physischen und juristischen Schutz verloren, begann dort ein brutales Regime der legalen Apartheid, der Ausbeutung in der Landwirtschaft und der terroristischen Lynchjustiz, das heute unter dem Namen »Jim Crow« bekannt ist.

Parallel dazu erlebte die Landwirtschaft im Süden ihren Niedergang, im Norden entstanden neue Jobs in der Industrie (manche Fabriken warben sogar gezielt Schwarze aus dem Süden an), und so wuchs allmählich der Druck auf die Afroamerikaner, in den Norden abzuwandern. Im Zuge der Great Migration zwischen den Weltkriegen zogen sechs Millionen schwarzer Bürger in die großen Industriestädte im Nordosten, nach Chicago, Detroit und New York, oder nach Los Angeles. De facto wurde die Rassentrennung jedoch auch in den Fabriken im Norden erst während und vor allem nach dem Zweiten Weltkrieg aufgehoben. Die grausamste Pointe wartete allerdings noch auf die Neuankömmlinge, die man in Gettos in den am wenigsten begehrten Teilen der alten Industriestädte abgeschoben hatte und die davon träumten, eines Tages zur Mittelklasse in den Vororten zu gehören: Ab ungefähr 1964, dem Jahr also, in dem die Bürgerrechtsbewegung mit dem *Civil Rights Act* ihren Durchbruch erzielte, wurden auch sie zu Opfern der rasanten Deindustrialisierung und den damit verbundenen Arbeitsplatzverlusten, welche die USA in den sechziger und siebziger Jahren erfassten.

Als die Jobs verschwanden und der Traum vom Eigentum und von einem stabilen Dasein in der Mittelklasse für viele zerplatzte, war der Rassismus immer noch da. Arbeiterviertel (einschließlich der ersten, ab den fünfziger Jahren entstandenen neuen Vororte, die nun ebenfalls von den Problemen der Innenstädte erfasst wurden), in denen zuvor Angehörige verschiedener Rassen gewohnt hatten, erlebten auch weiterhin die sogenannte »white flight«, im Zuge derer alle weißen Arbeiter, häufig selbst Iren, Italiener, Polen oder Angehörige anderer ethnisch markierter

Bevölkerungsgruppen, die es sich leisten konnten, in rein weiße Vororte abwanderten. Mit ihnen gingen einige Afroamerikaner, die es unter den günstigen Bedingungen Mitte des 20. Jahrhunderts geschafft hatten, die große amerikanische Erzählung von der Aufwärtsmobilität zu realisieren und in die Mittelklasse aufzusteigen. Eine andere schwarze Mittelklasse bildete sich um die wenigen starken Institutionen, in denen das Ethos der Affirmative-Action-Programme sich ausbreitete und die bereit waren, den Afroamerikanern zu helfen: Universitäten, Berufsschulen, Regierungsbehörden, bisweilen sogar die Wall Street, um nur einige zu nennen.

Wie sich herausstellen sollte, wirkten in der neuen Dienstleistungsökonomie Selektionsmechanismen, die vormalige Industriearbeiter, insbesondere einkommensschwache schwarze Männer, stark benachteiligten. In der Industrie, wo Kraft und Zähigkeit gefragt waren, hatte man sie irgendwann akzeptiert; im Service-Bereich galten sie jedoch als feindselig und Furcht einflößend. Die am besten bezahlten Jobs in diesem Sektor belohnen Fügsamkeit, die Fähigkeit, ein Gefühl der Intimität herzustellen, weißes Ostküstenenglisch und zumindest ein Minimum an sichtbarem Stolz und Unabhängigkeit. Das genaue Gegenteil also jener Kultur der Härte, die gerade schwarze Männer seit der Zeit der Sklavenbefreiung entwickelt hatten, um der Bedrohung durch die Weißen sowie Forderungen nach einer neuerlichen Trennung der Rassen und nach einem höflichen, ja weiterhin unterwürfigen Auftreten zu begegnen. Dazu kam, dass die Firmen des Dienstleistungssektors ebenfalls aus den zunehmend geisterhaften Innenstädten in die Vororte und Trabantensiedlungen abwanderten, die außerhalb der städtischen

Nahverkehrsnetze lagen und daher für die vormals der Mittelklasse angehörenden Schwarzen in den Zentren kaum erreichbar waren. (Natürlich erging es den weißen Arbeitern in diesen Jahren wenig besser, auch ihre Hoffnungen wurden demoliert: Der Großteil der Jobs, die in der Industrie oder im Dienstleistungsbereich verloren gingen, wurde in Niedriglohnländer verlagert. In den letzten Jahren hat das Kapital überdies einige große Städte rekolonisiert, so dass selbst die armen Bevölkerungsschichten die Innenstädte verließen und sich in einem Ring von zunehmend heruntergekommenen Vororten ansiedelten, was zu dem neuen amerikanischen Phänomen der Suburbanisierung der Armut geführt hat.)

Die Unruhen in den schwarzen Innenstädten (also den älteren, ökonomisch weniger attraktiven Vierteln, die die Weißen verlassen hatten) begannen bereits Mitte der Sechziger. In den nächsten zehn Jahren wurden die von den Ausschreitungen betroffenen Gegenden nicht wiederaufgebaut, niemand investierte in die dortige Infrastruktur. Ohne die zahlungskräftige Mittelklasse brachen Steuereinnahmen weg, die notwendig gewesen wären, um den Niedergang der Innenstädte zu verhindern; und auch in der Folgezeit waren die »Gettos« für keine Regierung ein vorrangiges Problem. Ein neues Jim-Crow-Regime wurde im Norden allerdings erst unter den Regierungen Reagan und Bush errichtet, die einen Krieg gegen die Armen führten, den sie offiziell als »Krieg gegen Drogen« verkauften, eine Politik, die in weiten Teilen auch unter Bill Clinton fortgeführt wurde. Neoliberale Regierungen in Washington verwandelten die Innenstädte in militarisierte Zonen, um einen Feldzug gegen Armut und Hoffnungslosigkeit zu führen. Aus Sicht der neoliberalen Ideologen galt Armut als Verantwortungslosigkeit. Und der beste Beweis dafür, dass die Menschen ihre Armut tatsächlich verdienten und dass man dagegen wenig ausrichten konnte, war die unvermeidliche Selbstmedikation mit aus Lateinamerika ins Land geschmuggelten Drogen (die Armen hatten schließlich keinen Zugang zu den Psychopharmaka der Mittelklasse, zu Valium und später Prozac). In Städten wie insbesondere Los Angeles, in denen Teile der Polizei ohnehin rassistisch waren und der Doktrin der weißen Vorherrschaft anhingen, nahmen die neuen »Anti-Gang«-Taktiken den offen terroristischen Charakter einer Strafexpedition an (daraus entsprangen die Misshandlungen, die später die Unruhen in Los Angeles auslösen sollten).

Nach der reinen neoliberalen Lehre konnten weder die Armut noch das Drogenproblem mit Sozialhilfe oder mit öffentlichen Leistungen bekämpft werden, die bislang vor allem über die Steuern der Reichen, die nun entlastet werden sollten, finanziert worden waren: Bildung, Arbeitsvermittlung, Investitionen in heruntergekommene Viertel. Die Strategie der Wahl im Umgang mit der benachteiligten schwarzen Bevölkerung, die in den Innenstädten vom Rest der Gesellschaft abgeschnitten war, stellten in den Reagan-Bush-Jahren dagegen Polizeiterror und die Verbringung von immer mehr Menschen in die Gefängnisse dar. Soziologen gehen davon aus, dass die Arbeitslosigkeit unter jungen Afroamerikanern Mitte der achtziger Jahre bei über fünfzig Prozent lag; dazu kam, dass damals zu jedem gegebenen Zeitpunkt zehn Prozent aller jungen schwarzen Männer inhaftiert waren, so dass, statistisch gesehen, jeder dritte Schwarze einmal in seinem Leben im Gefängnis saß.

Wenn man so will, waren die Veränderungen, die der Hip-Hop in den späten achtziger Jahren erlebte, auch eine Antwort auf die neoliberale Herausforderung. Man sprach damals vom Augenblick der »Gangster«. In vielerlei Hinsicht spiegelten sich darin die Privatisierungseuphorie, die oligarchischen Tendenzen und die Militarisierung unter dem Neoliberalismus Ronald Reagans. Außerdem entsprach dieser Wandel dem damals an der Wall Street an Einfluss gewinnenden Phantasma, man könne mit kurzlebigen Gütern und einem Unternehmergeist reich werden, der auf purem Willen basierte, nicht länger auf der industriellen Herstellung materieller Produkte. Und schließlich waren die Veränderungen, die den Hip-Hop damals erfassten, natürlich auch eine Konsequenz der totalen Vernachlässigung jener Schichten der schwarzen Bevölkerung, die nicht von den immer noch halbwegs funktionierenden institutionalisierten Aufstiegskanälen der höheren Bildung und der Affirmative Action profitierten.

Die Droge dieser Menschen war Crack. Von der chemischen Struktur her unterscheidet sich Crack kaum von dem Kokain, aus dem es hergestellt wird. Forscher konnten zwar in den Jahrzehnten seit der sogenannten »Crack-Epidemie« zeigen, dass all die Meldungen über die angeblich sofort abhängig machende Wirkung, die Brutalität, den Wahnsinn und die »Crack-Babys«, die damals mit der Droge in Verbindung gebracht wurden, ein großer Schwindel waren; doch die eigentliche Bedeutung des Crack lag ohnehin im zugehörigen Geschäftsmodell.

Im Grunde genommen basierte das »Jahrzehnt des Crack«, die Jahre von 1986-1996, auf der Entdeckung, dass man teures Filetsteak durch den Wolf drehen, mit anderen Zutaten strecken und in eine riesige Menge von Fleischbällchen verwandeln konnte, die sich an eine kleine Gruppe von Menschen verkaufen ließen, die einen nicht zu zügelnden Appetit auf Fleisch hatten. Im ersten Moment schmeckte es, doch dann ließ es die Leute hungriger zurück als zuvor. Eine wahrhaft kapitalistische Erfindung. Das Filetsteak war in diesem Fall Kokain aus Lateinamerika. Und in den Innenstädten entstand nun mit explosionsartiger Geschwindigkeit eine neue Variante der Heimindustrie.

Der entscheidende Faktor war dabei weniger der über lange Zeit aufgestaute Bedarf nach einer solch lausigen Droge, sondern vielmehr der Umstand, dass arbeitslose junge Schwarze und Latinos verzweifelt auf solch eine Gelegenheit gewartet hatten, ihren Unternehmergeist zu verwirklichen oder einfach nur einen Job zu finden und schnelles Geld zu verdienen. Jeder, der ehrgeizig, fleißig, charismatisch, rücksichtslos und mit genügend Organisationstalent ausgestattet war – mit genau den Begabungen also, die im Kapitalismus ganz allgemein gefragt sind – und keine allzu große Angst vor der Polizei und dem Gefängnis hatte, konnte sich einen Grundstock an Kokain zulegen, diesen in der eigenen Küche zu Crack verarbeiten und sich daranmachen, ein Netzwerk aus Verkäufern aufzubauen. In einer Situation, in der fünfzig Prozent aller Jugendlichen keine Arbeit hatten, war es kein Problem, so viele minderjährige Subdealer, Wachtposten und Läufer »einzustellen«, wie man organisatorisch irgendwie bewältigen konnte. Sie kosteten nichts, sie hatten keine Alternative, und die schiere Größe der Organisation stellte unter Umständen den entscheidenden Wettbewerbsvorteil dar.

Die vielen neuen Unternehmer stapelten sich jedoch praktisch, da sie einen geografisch überaus engen Markt bedienten und ihr Produkt an eine kleine Gruppe von Abhängigen verkauften. Zudem brauten sie ein Crack zusammen, das sich von dem ihrer Konkurrenten überhaupt nicht unterschied, da sie es alle strecken mussten, um Gewinn zu machen. Wer ein besseres Produkt hergestellt hätte, wäre ökonomisch gescheitert. Der entscheidende Weg, um sich einen Vorteil zu verschaffen und zugleich der Verhaftung zu entgehen, war der kluge Einsatz von Sicherheitsmaßnahmen und Gewalt. Studien über die Wellen der Tötungsdelikte zeigen, dass weder die Täter noch die Opfer high waren, sie waren aber in irgendeiner Weise ins Drogengeschäft verstrickt.

Die Hochzeit der Gangster und alles, was seit 1988/1989 darauf folgte, hatte einen unerwarteten Nebeneffekt im Bereich des Hip-Hop, und das gilt bis in die Gegenwart selbst für den Großteil der absoluten Meisterwerke des Genres: Sie führte zu einer Neukonfiguration der Themen, Metaphern, der Haltung und der Authentizität der Texte. Sie handelten nun vom Geschäft, vom Eigentum und von Gewalt, und all dies ging auf das Crack-Drama zurück. Von den Anfängen Mitte der siebziger Jahre bis in die späten Achtziger rappte man irgendwelche Prahlereien, über Partys und Liebe, man huldigte erschwinglichen Konsumgütern (hauptsächlich Klamotten, Turnschuhen – »My Adidas« – und ab und an mal einem Auto), schickte Grüße in die anderen Viertel und beklagte gelegentlich das triste Leben in den postindustriellen Städten (zum Beispiel in Grandmaster Flashs »The Message«). Ende der Achtziger veränderte sich das schlagartig angesichts des harten Durchgreifens der Polizei und der neuen Struktur des Drogenhandels. So wurde Rap zu einer wirklich kapitalistischen Musikrichtung, die auch heute noch mehr über die Gegenwart zu sagen hat als andere Kunstformen. In den Texten aus den neunziger Jahren ist das Crack die Quelle des Bargelds, mit dem man den ersten Champagner, die Klunker und die Autos bezahlt – und zugleich der Ursprung jenes Pathos, der damit zusammenhängt, dass man diese Reichtümer nur für kurze Zeit wird genießen können, bevor man verhaftet oder erschossen wird. Anders ausgedrückt: Crack war der ursprüngliche Grund, aus dem die Metaphern und die Haltung nun um das Geschäft und die Jagd nach Geld kreisten. Bald sollte jedoch das Rappen selbst das Dealen als wichtigste Geldquelle ablösen, da die neue Grandezza der Themen es erlaubte, Hip-Hop an weiße Amerikaner und den Rest der Welt zu verkaufen.

Ein besonders wichtiger Punkt, den man in diesem Zusammenhang nie vergessen darf, ist, dass die MCs selbst nie Crack rauchen. Sie verkaufen es. Um es noch einmal zu unterstreichen: In keinem Song, an den ich mich erinnern kann, nimmt irgendein Rapper Crack. Biggie handelt damit, Jay-Z handelt damit, Nas handelt damit, Raekwon handelt damit, 50 Cent handelt damit. Und von den Gewinnen kaufen sie sich Gras oder Alkohol, um zu entspannen (dieselben Drogen also, die um die Jahrhundertwende alle aufrechten Amerikaner konsumierten, egal, welcher Schicht oder welcher Rasse sie angehörten). Der ständige Wechsel zwischen diesen Aktivitäten – vom »rap game« zum »crack game« und zurück (»If I wasn't in the rap game / I'd probably have a key knee deep in the crack game«, heißt es bei Notorious B.I.G.) – ist es, der ab 1988 die neue Erzählung vorantreibt. Man weiß gar nicht so genau, worüber ein MC nun gerade rappt, weil die beiden Bereiche sich strukturell so sehr ähneln. Selbst herausragende MCs können komplexen und rein fiktiven Dramen durch die biografische Tatsache Authentizität verleihen, dass ein im Getto geborener Rapper in diesen Jahren mit einer gewissen Wahrscheinlichkeit im Alter von fünfzehn oder sechzehn selbst einer jener Wachtposten oder Läufer war, die an den Straßenecken herumstanden. Andere dachten sich diese Geschichten einfach aus. Das ist eine der merkwürdigen Eigenschaften von Drogen, die damit zusammenhängt, dass sie verboten sind, aber auch damit, dass sie die Tendenz haben, noch in den letzten Winkel des Privatlebens vorzudringen, so dass sich die jungen Leute – über alle Schichten hinweg – wie Outlaws fühlen. »Ich war dabei«, das ist die Botschaft der Texte über das Dealen. Die Polizei stellt eine tödliche Gefahr da, die Konkurrenten auch, aber es lohnt sich, und die Gewinne, die das Geschäft verspricht, werden universell als verlockend empfunden.

Letztendlich war es diese Verbindung, die dem Hip-Hop zu seiner opernhaften, titanischen Größe verhalf; er konnte virtuos mit Emotionen und Ausdrucksmitteln spielen, über die zuvor keine Richtung der populären Musik je verfügt hatte. Durch das Crack-Geschäft wurde er zu einem großen Breitwand-Epos, und die Rapper integrierten die großen amerikanischen Mythen vergangener Epochen des Gangster-Kapitalismus in ihre Texte, Mythen, denen Coppola, De Palma und Scorsese in ihren Filmen ein Denkmal gesetzt hatten.

Dieser Zusammenhang entging vielen weißen Gelegenheitshörern wie mir, die jene endlose Rhetorik des Geschäftes, der Organisation, der »Firma« (»The Firm«, der

Name, den Nas seinem Rap-Kollektiv gab), der »Kommission« (»The Commission«, wie Notorious B.I.G. eines der Projekte nannte, die er neben seiner offiziellen Crew »Junior M.A.F.I.A.« betrieb) nicht zu deuten verstanden, da wir mit Crack eben ausschließlich Abhängigkeit und Elend assoziierten. Auch den offensichtlichen Ehrgeiz, mit dem erfolgreiche Rapper sich einen Platz in den sich immer mehr in Konzerne verwandelnden weißen Platten-Labels sichern wollten, über die in den Neunzigern das Hip-Hop-Geschäft lief, habe ich damals nicht verstanden (das beste Beispiel ist Jay-Z, der für kurze Zeit der Chef von Def Jam Records war; Def Jam war zunächst ein außergewöhnlich großes, von Schwarzen betriebenes Indie-Label, doch in der Zeit von Jay-Z war es längst Teil von Universal, einem Konzern, dem nicht nur Hip-Hop-Label gehören, sondern auch Decca und die Deutsche Grammophon). Bisweilen wurde dieses Motiv allerdings explizit formuliert, etwa von Jay-Z selbst. Man wollte sich für die historische Ausbeutung der Schwarzen durch weiße Kapitalisten, Labels und Musikproduzenten rächen und neue Vorbilder schaffen.

>I do this for my culture, to let 'em
know what a nigga looks like
when a nigga's in a 'Rossta. Show 'em how to
move in a room full of vultures
Industry's shady, need to be taken over
Label owners hate me, I'm raising the status quo up
I'm overcharging niggas for what they did to the Cold
   Crush
Pay us like you owe us for all the years that you hoed us
We can talk, but money talks, so talk mo' bucks.«

Diese Begründung klang ein bisschen dünn, vor allem, weil es ja die Alternative unabhängiger schwarzer Labels gegeben hätte. Hier war wenig zu spüren vom Ethos der Unternehmensgründungen durch Schwarze, von der Begeisterung für Geschäftsmodelle innerhalb der afroamerikanischen Community, für die einst Leute wie James Brown gestanden hatten. Nein: Wem es gelang, aus dem Crack-Handel auszusteigen und ein erfolgreicher Musiker, Künstler, ja Star zu werden, der wollte genau die Belohnungen haben, die auch Weiße im Rahmen des egoistischen, am individuellen Aufstieg orientierten neoliberalen Kapitalismus bekamen, zu dessen exakter Kopie sich der Hip-Hop in seiner Gangster-Phase überraschenderweise entwickelte. Der Drogenboss, der sich in einen erfolgreichen Rapper verwandelte, würde letzten Endes dieselben scheinbar unerreichbaren Statussymbole erringen und zur Schau stellen wie erfolgreiche Investmentbanker oder Vorstandsvorsitzende. Auch er würde eines Tages einen Privatjet, einen Bentley und Louis-Vuitton-Taschen haben, Gucci-Anzüge tragen, die teuersten Whiskeys und Cognacs trinken – die Sachen eben, die in den Anzeigen der Hochglanzmagazine beworben werden, die wir zwar alle lesen, die sich jedoch in erster Linie an die ultrareichen Weißen richten, die es geschafft haben, den Rest des Landes im Zuge der beispiellosen sozialen Polarisierung hinter sich zu lassen, die wir in den letzten Jahrzehnten erlebt haben und die immer noch weitergeht.

Was gerade in den erfolgreichsten und bedeutendsten Stücken so gut wie nie zur Sprache kam, waren die Freuden und Visionen der Mittelklasse. Auch dass es so etwas geben könnte wie kollektiven sozialen Aufstieg, Eigentum, das der ganzen Gemeinschaft gehört, oder kleine, unabhängige schwarze oder multiethnische Unternehmen, spielte überhaupt keine Rolle. Es gab nur zwei Alternativen: entweder das individuelle Schicksal des elenden kleinen Gauners, der jederzeit von der Polizei verhaftet oder schikaniert werden konnte; oder aber das individuelle Schicksal des erfolgreichen Dealers oder Hip-Hop-Stars, der es – zumindest vorübergehend – an die Spitze der Hierarchie der weißen Oberklasse schafft, deren Statussymbole er anerkennt und erobert hat.

Die Haltung des Punk oder Postpunk, die weiße Mittelklasse-Amerikaner aus den frühen Achtzigern geerbt hatten, war genau umgekehrt: Sie hatten gerade den neoliberalen Winner-take-all-Kapitalismus der Reagan/Thatcher-Jahre als das soziale Übel identifiziert, unter dem nun alle zu leiden hatten. Der Raubtier-Reaganismus war ja der Grund dafür, dass harte Arbeit sich nicht mehr lohnte und nur die Reichen noch reicher machte; der globalisierte Kapitalismus der großen Konzerne hatte Jobs wegrationalisiert oder nach Übersee verlagert; und der damit einhergehende Konsumismus mit seinen schnelllebigen Produkten und trivialen Luxusgütern nahm dem Dasein jegliche Substanz, jeden Wert, machte uns alle zu lebenden Toten. Der Rassismus mochte dafür sorgen, dass es die schwarzen Arbeiter als Erste erwischte, aber irgendwann würden diese Trends auch uns erfassen – wenn es uns nicht doch noch gelang, Teil der Kaste der Superreichen zu werden.

Die weißen Mittelklasse-Teenager waren in den achtziger und neunziger Jahren ökonomisch vor allem als Zielgruppe für bestimmte Konsumartikel relevant. Man erfand und pflegte Marken, kreierte irgendwelche Logos und verpasste allem einen coolen Anstrich. Irgendwann kam dann der *No Logo*-Moment, und die Mittelklasse rebellierte gegen die immer weiter wachsenden Konzerne, gegen die Deregulierung und die Umverteilung von unten nach oben. Die eigentliche politische Leistung der Postpunk-Bewegung bestand allerdings weniger in der Musik selbst, als vielmehr in der Tatsache, dass es gelungen war, ein alternatives System der Musikproduktion und -distribution aufzubauen. Jede Stadt und jede Region brachte ihr eigenes, kleines, randständiges Platten-Label hervor: SST, Dischord, Touch and Go, Taang!, Triple X, Homestead, Sub Pop, Matador etc. Wer auf Rock stand und etwas auf sich hielt, hörte damals Bands wie die Minutemen, Big Black, die Replacements, Hüsker Dü, die Butthole Surfers, Sonic Youth, Dinosaur Jr. und Minor Threat, später dann Fugazi, Mudhoney, Pavement oder Bikini Kill. Bis 1991 konnte man keine ihrer Platten über die offiziellen Kanäle des Kapitalismus kaufen, den damals die allseits verhassten »Major Labels« verkörperten. (Sonic Youth brach dann das Tabu, weil man auf die Schmeicheleien eines neuen, als Indie-Label verkleideten Konzerns hereinfiel, Geffen Records. Dies hatte die noch weitaus schwerer wiegende Konsequenz, dass auch die deutlich jüngere Band Nirvana bei Geffen unterschrieb; es folgten ihr spektakulärer Durchbruch, die von MTV angeführte kommerzielle Ausbeutung, der schreckliche Selbstmord von Kurt Cobain, der diese Widersprüche nicht mehr aushielt, und die Desillusionierung aller, die diese kapitalistische Kreuzigung mit ansehen mussten.) Hätte es damals nur die Major Labels gegeben, hätten die Rockfans mit U2, Bruce Springsteen und Konsorten – verdienstvolle Künstler, ohne Frage, aber doch irgendwo überschätzter, kommerzieller Kitsch für Babyboomer –, das heißt mit zweitklassigen Talenten und Musikern auskommen müssen, die Bekanntes massentauglich neu kombinierten.

Auf ihrem Höhepunkt traf die Rebellion der weißen Mittelklasse gegen die von den Konzernen gesteuerte Globalisierung und gegen den Konsumismus auf einen Hip-Hop, der dem Kapitalismus eine verdächtige Sympathie entgegenbrachte, und zwar mit einer Entschiedenheit, die keine andere Richtung der schwarzen Musik (in der es ja auch schon zuvor um die Notwendigkeit wirtschaftlicher Emanzipation gegangen war) jemals vertreten hatte. Das Ganze war unfassbar und rätselhaft. Es war idiotisch, aber man hatte das Gefühl, von den Rappern verraten worden zu sein! Besonders irritierend war die permanente Erwähnung von Luxusartikeln, die von weißen Firmen vertrieben wurden, Logos und Marken, die wiederum auf kuriose Weise mit einem neuartigen, undurchschaubaren Sexismus kombiniert wurde (die Texte vermittelten den Eindruck, man könne auch Frauen kaufen) – »Life ain't nothin' but bitches and money«. Bei N.W.A. war die Geschichte mit dem Geld noch skandalös, in »C.R.E.A.M« vom Wu-Tang Clan war sie finster und ironisch (»Cash Rules Everything Around Me«/[C.R.E.A.M.]/»Get the money, dollar dollar bill, y'all«), irgendwann wurde es tragikomisch, und am Ende war es dann nur noch komisch. Seinen narrativen Höhepunkt erreicht der Geld-Fetischismus in den komplexen Erzählungen von Notorious B.I.G. (»Gimme the Loot« [1994], »I Love the Dough« [1996]), in einigen Songs, die Jay-Z mit Jermaine Dupri aufnahm, etwa in »Money Ain't A Thang« (1998), bekam er eine ins Absurde gehende triumphierende Note (»In a Ferrari, a Jaguar, switchin' four lines / with the top down, screamin' out, money ain't a thang!«); wo es darum ging, Markennamen mit großem rhythmischen Geschick in Texte einzubauen, schoss Busta Rhymes einige Jahre später den Vogel ab, als es ihm 2001 gelang, einen dreisilbigen Cognac – Courvoisier – in einem Refrain unterzubringen: »Give me the Henny, you can give me the Cris' / You can pass me the Remy, but pass the Courvoisier!«

Sollten Weiße aus der Mittelklasse in dieser Situation schwarze Entertainer darüber belehren, dass man sich das Glück mit Weinbränden und anderen Konsumgütern nicht kaufen kann? Um Gottes willen, auf keinen Fall. Dennoch führte der Konsumismus endgültig zu einem Bruch zwischen den potenziell gleich gesinnten Kulturen der politisierten Postpunks und der Hip-Hopper. Wenn schwarze Künstler aus Gegenden, deren Bewohner (als Arbeiter und Angestellte, nicht als kleine Selbständige) zum letzten Mal stabile ökonomische Verhältnisse erlebt hatten, als sie noch an die breiteren Kapitalströme der Industriegesellschaft angeschlossen waren, überhaupt eine Stimme in der Öffentlichkeit haben wollten, dann blieb ihnen gar nichts anderes übrig, als es im Spiel des offiziellen Kapitalismus und somit innerhalb der gigantischen Konzerne ganz nach oben zu schaffen. Sie kamen schließlich nicht aus der Klasse der kleinbürgerlichen Stabilität und des unternehmerischen Fleißes. Sie konnten sich im Notfall nicht auf ein kleines weißes Mittelklasse-Vermögen verlassen, das über die Generationen hinweg angespart worden war. Afroamerikaner hatten schlichtweg überhaupt keinen Grund, an eine breite, von der Mittelklasse getragene Reformbewegung zu glauben, die für die Wiederherstellung von Freiheit und Gleichheit sowie neue Arbeitsplätze kämpfte. Sie wurden Zeuge einer qualvol-

len Entwicklung, im Zuge derer die sozialen Aufstiegs-
chancen noch einmal ganz neu verteilt wurden: Auf der
einen Seite stand nun eine kleine schwarze Mittel- bzw.
bürgerliche Klasse, die von der Affirmative Action pro-
fitierte und die alte Arbeiterklasse hinter sich ließ; auf
der anderen Seite gab es die wachsende Klasse verarmter
Schwarzer, die der Gewalt (der Polizei oder der Drogen-
dealer) überlassen wurden und als Drehtürenhäftlinge
immer wieder im Gefängnis landeten.

Ich kenne, im Hip-Hop selbst, keine bessere Zusam-
menfassung jener paradoxen Geschichte, welche dieser
Musik zu einer solchen Intensität, handwerklichen Brillanz und Popularität verhalf, als die, die Kanye West erst
relativ spät (2005) in seinem Song »Crack Music« präsentierte. West gehört der Post-Crack-Generation an und ist
einer der Künstler, die erst nach dem Triumph der Gangster die Bühne betraten, mit deren Metaphern aber noch
nicht endgültig gebrochen haben (zu dieser Gruppe zählen auch das großartige Duo Outkast sowie Lil Wayne,
der einzige Rapper dieser Periode, der in puncto Be-
kanntheit und musikalisches Genie mit Kanye mithalten
kann). Den Rahmen bilden Anspielungen auf amerikanische Präsidenten, die sich gegen ihr eigenes Volk ver-
schworen und es immer wieder belogen hätten (erwähnt
werden etwa die repressiven Mittel, denen Reagan seinen Aufstieg als Gouverneur von Kalifornien verdankte –
»How we stopped the Black Panthers? / Ronald Reagan
cooked up an answer« –, oder die Tatsache, dass Reagan
und Bush Saddam Hussein erst mit Waffen unterstützten,
bevor sie Krieg gegen ihn führten (»Who gave Saddam
anthrax? / George Bush got the answers«). Die eigentliche Idee, auf die Kanye hinauswill, ist allerdings die einer

List der Geschichte, durch die sich das Gift Crack, das die
Schwarzen in den Gettos abhängig machte, in das Serum
Hip-Hop verwandelte, mit dem sich schwarze Künstler
stärkten, und nach dem nun ein weißes Publikum süchtig
war:

>Crack raised the murder rate in DC and Maryland
We invested in that – it's like we got Merrill Lynched.
And we been hangin' from the same tree ever since
Sometimes I feel that music is the only medicine

So we cook it, cut it, measure it, bag it, sell it,
The fiends cop it, nowadays they keep tellin'
>That's that good shit< – >We ain't sure, man< –
>Put that CD on your tongue,< – >Yeah, that's pure, man<

That's that crack music, nigga
That real black music, nigga

We took that shit, measured it, and then cooked that
    shit
And what we gave back, was crack music
And now we ooze it, through they nooks and crannies
So our mamas ain't got to be they cooks and nannies
And we gon' repo everything they ever took from
    granny.
Now the former slaves trade hooks – for Grammies.
This dark diction has become America's addiction.
Those who ain't even black use it.
We gon' keep baggin' up this … crack music.«

*

Ich kann mir gut vorstellen, dass jetzt einige Leute sagen: So hört sich doch kein Mensch Popmusik an! So sucht man sich nicht seine Lieblingsband aus, und so bewertet man auch keine Songs! Hier wird ja gerade so getan, als könne man Musik in den Mixer werfen, die Botschaft vom Rest trennen und sie dann wie rote Blutzellen trinken. Das ist doch unmenschlich! Beurteilen Sie Musik wirklich anhand ihrer politischen Inhalte? Als ob Sie sich einen mit Beats unterlegten Leitartikel anhören würden?

Natürlich lautet die Antwort: nein. Aber ich singe eben mit. Und wenn ich mitsinge, höre ich sehr genau darauf, was ich da singe. Ich weiß, dass ich diese Worte mit meinem eigenen Mund ausspreche, mit meinem Geist, dass ich das *wirklich* mache. Musikhören bedeutet, *aktiv* etwas zu tun. Gerade bei Pop kommt es darauf an, ihn nicht zu hören, ohne sich dabei zu bewegen oder mitzusingen. Es ist einfach ein großes Vergnügen, zusammen mit dem Sänger irgendeines Liedes Dinge zu sagen, die man sonst im Leben nie von sich geben würde – bisweilen sogar gerade dann, wenn sie den eigenen Ansichten oder dem Bild widersprechen, das sich die anderen von einem machen; oder wenn sie alle allgemein anerkannten Werte auf den Kopf stellen. Deswegen genieße ich es auch, bei Merle Haggards »Okie from Muskogee« oder bei »Stand by Your Man« mitzusingen, bei »Run for Your Life«, »I Wanna Be Your Dog« oder »They Saved Hitler's Cock« von den Angry Samoans, ganz zu schweigen von – wo wir gerade beim Hip-Hop sind, den »10 Crack Commandments« oder »A Milli«. Ich verliere aber oft ganz schnell den Spaß an der Sache, wenn die Texte dumm, konformistisch oder zynisch sind. Wenn praktisch jeder Aspekt der Musik (die Melodien, die Texte, das Artwork des Booklets usw.) verrät, dass die Person, die sie geschrieben hat, dämlich, faul oder untalentiert ist, vor allem, wenn auch noch eine gewisse Selbstzufriedenheit zu spüren ist. Schade drum, aber es ist nun mal so. Auf eine andere Art verwandelt es mein Vergnügen in Unbehagen, wenn ich Texte singe, die zwar ernst gemeint und gut gemacht sind, die mich aber ins Unrecht setzen; in denen es um reale Missstände geht, für die ich irgendwie mitverantwortlich bin; um Sachen, bei denen ich einfach nicht das Recht habe, Spaß zu empfinden; oder die sich für eine politische Botschaft einsetzen, die meinen Überzeugungen davon zuwiderläuft, wie die Welt sein sollte. Dass es mir Freude bereitet, das zu singen, gibt mir irgendwie das Gefühl, ein Heuchler, Parasit oder schlicht ein Idiot zu sein.

Man könnte also sagen, dass meine Überzeugungen meinen Kunstgenuss bestimmen. Bei der Schönheit ist es übrigens ganz ähnlich: Geben Sie mir zehn Fotos von Menschen, die ich nach ihrer Schönheit ordnen soll. Natürlich bekomme ich das hin: Auch bei mir landet das Model auf dem ersten und das entstellte Monster auf dem letzten Platz. Im echten Leben wird mein ästhetisches Empfinden jedoch dadurch beeinflusst, was jemand sagt oder wie er sich verhält. Wirklich, ich finde Menschen physisch attraktiver, wenn sie lustig, tiefgründig, nachdenklich, vital, gerade heraus, »real« und nett sind. Ich schaue solche Menschen einfach lieber an als dumme, gedankenlose oder gemeine. (Obwohl Vitalität manchmal eine unheilige Allianz mit der Macht eingeht und die Kombination von Authentizität und Brillanz Menschen dazu bewegen kann, sich nicht an die Regeln zu halten; aber das ist noch einmal etwas anderes als Gedankenlosigkeit.) Und natürlich kommt ein ganz ähnlicher Mechanismus ins Spiel, wenn es um Musik mit Texten geht, vorausgesetzt, ich habe sie verstanden. Möglicherweise sehen Sie die Sache anders, vielleicht sind Kunst und Werte für Sie zwei Paar Schuhe. Aber wenn dem so sein sollte, würde ich Ihrem Musikgeschmack (und Ihrer Menschenkenntnis) ohnehin nicht trauen. Vermutlich sind Sie einfach oberflächlich. (Intelligente und zugleich amoralische Menschen sind nämlich eine verschwindend kleine Gruppe.)

Ich habe auch schon Musikfans getroffen, die sich gut auskennen, die mir aber gesagt haben, dass sie wirklich nie auf die Texte hören, ja dass sie sie nicht einmal wahrnehmen. Das ist ein komplett anderes Phänomen, das ich absolut nachvollziehen kann. Genau wie ich einsehe, dass manche Menschen nicht träumen oder farbenblind sind, zumal ich bei manchen Pink- und Grüntönen selbst Schwierigkeiten habe. Aber das ist ein anderes Thema, an das man ganz anders herangehen müsste. Ich bin in jedem Fall jederzeit bereit, mit diesen Menschen über Klangfarben und Rhythmen zu reden.

In der Popmusik spielen Worte eine zentrale Rolle. Insbesondere liegt es geradezu in der Natur der populären Musik, Dinge auszusprechen, über die sonst niemand redet. Unter Pop verstehe ich dabei zeitgenössische Musik mit Texten, die so aufgenommen und produziert wird, dass die Hörer die Künstler mit ihren Stücken identifizieren, dass sie die Texte und die Musik als Ausfluss der Persönlichkeit des Interpreten betrachten (im Normalfall, weil die Künstler auch die Texte schreiben oder zumindest eine wichtige Rolle bei ihrer Entstehung spielen).

Wenn Popmusik funktioniert, dann verweist sie auf eine Welt, die etwas abseits der Normalität und des Alltags liegt. Diese Welt ist ein bisschen besser, ehrlicher, reicher an Emotionen. Das kann selbst dann gelingen, wenn die Texte eigentlich eher banal sind. Oder wenn nur ein paar Wörter auf sozusagen beschwörende Weise immer wieder wiederholt werden. Dennoch: So ganz passt die Theorie des Antestens und des Bewahrens, über die ich an anderer Stelle geschrieben habe, nicht zum Hip-Hop:

>Pop [erlaubt es uns], denke ich, gewisse Dinge zu fixieren, die man schon einmal gedacht hat, ohne dass man vielleicht in der Lage gewesen wäre, sie zu artikulieren, und gewisse Gefühle, zu denen man nur vermittelt Zugang hat, in anderer Form zu bewahren, jedenfalls bei Musik mit Texten, in denen das Kognitive und das Emotionale nicht so strikt getrennt sind.<[3]

Wir hören diese Musik also mit jenem Teil unseres Gehirns, der für Aufmerksamkeit, Sprache und Erinnerung zuständig ist.

Weil Hip-Hop-Texte in ganzen, oft langen Sätzen und Strophen organisiert sind, die Raum bieten für ausgedehnte Metaphern, Zitate, Wortspiele – und vor allem Witze, oft sehr tiefsinnige Witze –, erreicht er eine Komplexität der Artikulation, die ihn vom Rest der aktuellen Popmusik unterscheidet. Diese Besonderheit schließt Vergleiche zu anderen Genres nicht aus: Mit seinem Reichtum an Formeln und seiner Nähe zur Tradition der mündlichen Überlieferung erinnert er an Blues und das aus Reggae, Dub oder Dancehall bekannte Toasten; was die von Soli, der rituellen Staffelstabübergabe der Solis-

3 Mark Greif, »Radiohead oder die Philosophie des Pop«, in: *Ein Schritt weiter. Die n+1-Anthologie*, herausgegeben von n+1-Research, Frankfurt am Main: Suhrkamp 2008, S. 156-179, S. 173.

ten, phrasierten Zitaten und der Improvisation über Leitmotive geprägte musikalische Struktur anbelangt, hat er viel mit dem Jazz gemeinsam. Die Formen der Darbietung und der Distribution wiederum teilt er mit dem auf einzelne Hit-Singles ausgelegten Pop (in den USA sprechen wir auch von Top-40-Pop). Wenn man ihn jedoch im weiteren musikhistorischen Kontext traditioneller Stilformen betrachtet, so kann er als Wiederbelebung der metrischen, reimbasierten Lyrik gelten, die um 1920 zu Ende ging. Was die Texte anbelangt, so hat der Hip-Hop seine Potenziale weiterentwickelt als jede andere Stilrichtung in der Geschichte der Musik. Hip-Hop kommuniziert wie eine Sprache, weil es sich im Wesentlichen um Sprache handelt, nicht einfach um Gesang.

Ich kann mir gut vorstellen, dass jetzt jemand sagt: Aber warum um alles in der Welt hast du denn bitte den Glauben an den Postpunk verloren? Und an die Indie-Label? An unabhängige Künstler und den Rock 'n' Roll? Man kann gleich noch die Hoffnung auf einen reformierten Kapitalismus sowie den Glauben an die Werte der Mittelklasse, die Bewegung der Konsum- und Globalisierungsgegner dazunehmen. Ich glaube immer noch an diese Dinge, ich bin nur einfach überrascht darüber, als wie schwach sie sich erwiesen haben. Die Bewegung, die 1999 in Seattle auf sich aufmerksam machte, wurde nach 2001 zerstört bzw. verschwand wieder von der Bildfläche. Die Anschläge vom 11. September haben dazu einiges beigetragen, weil sie es Bush junior erlaubten, zu Hause mit der Tyrannei und im Ausland mit dem Imperialismus zu experimentieren. Die Transformation, die im Zuge der »Web 2.0«-Phase des Internets alle Medien erfasste, hat diese Entwicklung allerdings wesentlich stärker beschleunigt, indem sie einen von größeren oder kleineren Transaktionen gekennzeichneten Lebensstil herbeiführte. Wir betreiben heute in praktisch all unseren Interaktionen eine Art Selbstmarketing, ohne zwischen privater und geschäftlicher Zuneigung zu unterscheiden. Wir tauschen imaginäre Einheiten von Zeit und Aufmerksamkeit gegen irgendwelche Formen von freien Inhalten und eine allzu aufdringliche Präsenz ein, wodurch wir die Prinzipien der Werbung und der Markenbildung gleichsam normalisieren und zu etwas Natürlichem machen. Man sollte das Internet weder verdammen noch als Allheilmittel feiern, aber wir neigen inzwischen dazu, diesen prinzipiell berechtigten Amoralismus bezüglich des Netzes auch auf Phänomene zu übertragen, die das Internet lediglich als neuen Kanal nutzen (dämliche Reklame, zynisches Marketing usw.), weil ihre klassischen Distributionskanäle vorübergehend nicht so richtig funktionieren.

Allerdings kommt mir in diesem Zusammenhang auch eine von Aktivisten verfasste Analyse mit dem Titel »Where was the color in Seattle?« in den Sinn, die nach den Protesten gegen die Welthandelsorganisation im Jahr 1999 zirkulierte. Sie erinnert mich immer wieder daran, dass sowohl dem Postpunk, zu dessen Mekka die Heimatstadt von Nirvana geworden war, als auch der Bewegung, deren Zentrum die Stadt Ende des 20. Jahrhunderts darstellte, eine schwarze Dimension fehlte.

Die Wahl Obamas als dem Fackelträger der Hoffnungen Amerikas im Jahr 2008 war die einzige wunderbare Erscheinung in über einem Jahrzehnt. Sie zeigte, dass das Amerika, an das ich und andere Menschen glaubten und glauben – und zwar auf beiden Seiten der rassischen Demarkationslinie – möglich war und immer noch möglich ist. Der Enthusiasmus für die amerikanische Demokratie fand dabei immer seine Entsprechung im Enthusiasmus für die amerikanische Sprache. Zu ihren besonders attraktiven Kennzeichen zählen ihre Freizügigkeit, Offenheit, ihre vielfältigen Ursprünge, die Schwierigkeit, sie »richtig« zu gebrauchen, die Tatsache, dass sie immer dann besonders großartig klingt, wenn sie abweichend verwendet wird; ihre witzige Obszönität; ihre Redundanz und ihr Überfluss, die sich permanent erneuern.

Unsere Sprache kostet nichts. Sie gehört uns allen. Man kann sie nicht privatisieren. Die Fähigkeit, geschickt mit Worten umzugehen, ist zu einem Kennzeichen der Armen geworden, der Minderheiten, der ganz normalen Leute, der Schriftsteller und Intellektuellen; all jener also, die sich keine Bilder leisten können, die gemeinsam in einer älteren Welt leben, in der es keine Bilder gibt, oder die ganz bewusst darauf verzichten, sie zu benutzen.

Das Gedächtnis des Hip-Hop ist intakt. Die »Gat«, die ein Gangster aus dem Hosenbund zieht, erweckt die Ära des Bürgerkriegs und des Gatling-Maschinengewehrs zum Leben. Das »Skrilla« (Bargeld), das Rapper aus dem Süden heute akkumulieren, erinnert an die »Scrips« (Bezugscheine, A. d. Ü.), mit denen die Schwarzen unter dem alten Agrarregime der Post-Reconstruction-Periode entlohnt wurden. Im offiziellen Amerika hingegen erleben wir (seit John F. Kennedy) Präsidenten, Persönlichkeiten des öffentlichen Lebens und Fernsehleute, die sich dieses reiche Amerikanisch abtrainiert haben. Was aus ihrem Mund kommt, klingt, als hätten sie einen Dachschaden. Alles, was auf Fox, CNN oder den 24-Stunden-Nachrichtensendern verlautbart wird, verherrlicht die Bilder zu Lasten der Sprache. Die Bilder sind wichtiger als die eigentlichen Nachrichten, die in der Demokratie über das berichten sollten, was auch immer gerade in der Gemeinschaft der Bürger geschieht.

Unterhalb dieser offiziellen Ebene, auf der wir einen dramatischen Niedergang der Sprache erleben mussten, wurden ihre Reichtümer verwahrt und gemehrt, allerdings auf der anderen Seite jener roten Linien, mit denen weiße Immobilienmakler und Stadtentwickler die Schwarzen und die Weißen voneinander fernhalten. All die alten amerikanischen Wörter wurden in den heruntergekommenen Reihenhäusern und Sozialsiedlungen gesammelt. Einmal mehr sieht man, zu welchen kreativen, ja genialen Leistungen die Menschen in der Lage sind, wenn man sie ignoriert und alleine lässt.

Meine Großmutter sprach zu Hause ein amerikanisches Englisch voller Anspielungen, Zitate, Witze, Formeln und Begriffe, die sie aus dem Jiddisch ihrer Kindertage, aus dem Spanglischen oder Frenglischen entlehnt, aus der Populärkultur übernommen oder auf der Straße aufgeschnappt hatte. Ihre Sprache war viel reicher als das zurechtgestutzte Englisch, das sie in ihren Jobs bei der Telefonvermittlung oder an der Hotelrezeption verwendete, und das Standard-Englisch, das man ihren Kindern und Enkeln beibrachte. Vor allem wenn sie lebhaft und voller Begeisterung ihre Geschichten erzählte, rutschten ihr »he ain'ts« und »I says« heraus, doch ihre Fehler waren viel präziser als das korrekte Englisch, auf das sie ja durchaus hätte zurückgreifen können.

Es ist verführerisch, sich diese alte Sprache als etwas vorzustellen, das auf modrigen Schränken, in den untersten Schubladen, zwischen Bettgestellen und Matratzen oder in Abstellkammern weiterlebt, als kleine Wörter, die zwischen den Nadeln, Knöpfen, Schrauben, Schaltern, Fäden und Drähten liegen, von denen jeder Haushalt seine Sammlung hat. Doch die Wörter müssen natürlich permanent in Gebrauch sein, in all den Reden und Geschichten, die es nicht ins Fernsehen schaffen: Sie müssen in der Republik benutzt werden, jener Welt, die das wirkliche amerikanische Volk hervorbringt und am Leben erhält (und nicht das, welches die Nachrichtenleute und Pressesprecher heraufbeschwören).

Vielleicht passt daher ein anderes Bild besser: Die alte Sprache gleicht einem jener Häuser aus dem frühen 20. Jahrhundert, von denen man gelegentlich hört, Häuser, die in einer Epoche errichtet wurden, in der noch ein anderes Verständnis des Volkes, seiner Bedürfnisse – und Verdienste – gepflegt wurde, und die man nun von Angehörigen einer reichen Elite zurückfordert, die ohnehin längst ausgezogen sind. Einem heruntergekommenen Gebäude, in dessen Keller die ganze Zeit ein Schwimmbecken wartete, dekoriert mit marmornen Statuen griechischer Helden und Göttinnen, einem goldenen Beckenrand und einem Boden, in den Lapislazuli eingelassen ist, um die Bahnen für die Schwimmer abzugrenzen. Ein öffentliches Bad, Überbleibsel einer alten Metropolis, ein vergessenes Anwesen, das man neuen Bewohnern anvertraut hat.

Die Sprache des Hip-Hop ist eine Sprache von Menschen, deren Erfindungsreichtum vital ist und die sich nehmen, was ihnen zusteht – von dem, was Amerika uns hinterlassen hat, und dem, was wir oder unsere Vorfahren daraus gemacht haben. Warum haben ausgerechnet jene Menschen, um die man sich am wenigsten gekümmert und die man zurückgelassen hat, einen Weg gefunden, etwas besonders Klassisches, Wertvolles und Intelligentes für Amerika hervorzubringen und zu bewahren? Warum besitzen sie unsere Sprache, während unsere offiziellen Repräsentanten allein zu Schwachsinn und Stummheit beitragen?

Nachwort: Im Tal

Tief unten im Tal, wenn man noch am Bungee-Seil auf und ab baumelt, verzückt von der Illusion des Sprungs in den Abgrund, entdecken wir ein Symbol unserer Zeit.

»Ich habe es getan!«

»Was hast du getan?«

»Ich schloss meine Augen und sprang.«

»Wo hinein?«

»Ins Bekannte.«

*

Habt Mitleid mit jenen, die im Blau des Videobandes verlöschen. Mit denen, die im Blau des Bildschirms verloren gehen. Mit denen, die unter dem Blau des Mittagshimmels umkamen. Und mit denen, die in blauen Höhen verschwanden.

Wir leben in einer Zeit der Erinnerung an Orte, an denen wir nie gewesen sind.

Einer Zeit des versehentlichen Löschens.

»Ein blaues Auge geht auf. Das rote schließt sich. Bald wird da nichts mehr sein außer Farbe. Interpenetration. Scheibe. Rhythmus. Tanz. Nuancen von Orange und Violett, die einander verschlingen.« Blaise Cendrars schrieb diese Zeilen, im Jahr 1917. Er gab sich der Hoffnung hin, die Technologie selbst könne uns neu beleben. Uns wieder sehend machen. Die Kreiden, eingesperrt in die Schachtel des Künstlers, gegeneinander antreten lassen, um uns in der Morgendämmerung der neu gemischten Farben zu wecken.

Was sich einst sagen ließ, ließe sich heute in denselben Worten sagen. Und wäre doch kein bisschen näher an der Wahrheit.

Was würde es bedeuten, wenn wir herausfänden, dass unsere Leben eine Bedeutung haben?

*

Früher leuchteten unsere Gesichter rot in der Hitze der lodernden Flammen. Heute werden wir blau angeleuchtet: blau das Kinn, blau der Hals, blau die Pupillen. Das Blau unserer Bildschirme.

Es muss andere Wege geben, das Neue zu sehen.

Textnachweise

»Im Hochsommer der Sexkinder« erschien 2006 unter dem Titel »Afternoon of the sex children« in der vierten Ausgabe der Zeitschrift *n+1* (S. 169-187). Der Text wurde 2007 in die von David Foster Wallace und Robert Atwan herausgegebene Anthologie *The Best American Essays 2007* aufgenommen (New York: Mariner Books 2007).

»Die Realität des Reality-TV« erschien 2005 unter dem Titel »The reality of reality television« in der dritten Ausgabe von *n+1* (S. 165-174).

»Gesetzgebung aus dem Bauch heraus oder: Umverteilung« erschien 2006 unter dem Titel »Gut-level legislation, or, redistribution. Against the excremental economy« in der vierten Ausgabe von *n+1* (S. 20-25).

»Anästhetische Ideologien« erschien 2007 unter dem Titel »The meaning of life II. Anaesthetic ideology« in der fünften Ausgabe von *n+1* (S. 91-107).

»WeTube« erschien unter diesem Titel 2008 in der zweiten Ausgabe von *Paper Monument*, der Kunstzeitschrift von *n+1* (S. 52-59).

Das Vorwort und die Zwischentexte wurden für diesen Band verfasst. »Rappen lernen« erscheint hier zum ersten Mal.